D1882842

निज ब्रह्म विचार : धर्म, समाज और धर्मेतर अध्यात्म

निज ब्रह्म विचार

धर्म, समाज और धर्मेतर अध्यात्म

पुरुषोत्तम अग्रवाल

राजकमल प्रकाशन

ISBN : 978-81-267-0978-6

मूल्य : ₹395

© पुरुषोत्तम अग्रवाल

पहला संस्करण : 2004
दूसरा संस्करण : 2020

प्रकाशक : राजकमल प्रकाशन प्रा.लि.
1-बी, नेताजी सुभाष मार्ग, दरियागंज
नई दिल्ली-110 002

शाखाएँ : अशोक राजपथ, साइंस कॉलेज के सामने, पटना-800 006
पहली मंजिल, दरबारी बिल्डिंग, महात्मा गांधी मार्ग, इलाहाबाद-211 001
36 ए, शेक्सपियर सरणी, कोलकाता-700 017

वेबसाइट : www.rajkamalprakashan.com
ई-मेल : info@rajkamalprakashan.com

मुद्रक : बी.के. ऑफसेट
नवीन शाहदरा, दिल्ली-110 032

NIJ BRAHMA VICHAR : Dharma, Samaj aur Dharmetar Adhyatma
by Purushottam Agrawal

इस पुस्तक के सर्वाधिकार सुरक्षित हैं। प्रकाशक की लिखित अनुमति के बिना इसके किसी भी अंश को, फोटोकॉपी एवं रिकॉर्डिंग सहित इलेक्ट्रॉनिक अथवा मशीनी, किसी भी माध्यम से, अथवा ज्ञान के संग्रहण एवं पुनःप्रयोग की प्रणाली द्वारा, किसी भी रूप में, पुनरुत्पादित अथवा संचारित-प्रसारित नहीं किया जा सकता।

‘कभी न छोड़ें ग्वालियर’ की टेकवाले
श्री प्रकाश दीक्षित के लिए
जिन्होंने जवाहरलाल नेहरू और
कार्ल मार्क्स से मेरा परिचय कराया

अनुक्रम

यह संकलन 9

दो स्वप्नों का असाध्य विरोध 15
सत्य के प्रयोग और भारत की खोज 19
धर्मसत्ता बनाम आत्मसत्ता, अध्यात्मसत्ता 23
अध्यात्म का वस्तुकरण और धर्मसत्ता 27
जिज्ञासु मनुष्य का छोटा-सा निजी धर्म 31
श्रम, प्रेम और अध्यात्म : कबीर की साधना 36
कबीर की साधना : निज ब्रह्म विचार 41
पल-भर की तलाश में 45
धर्मसत्ता से जिरह करती कविता : अल म' आरी 48
आम आदमी और धर्मेतर अध्यात्म 52
'मूँदिहु आँख कतहुँ किछु नाहीं' 56
धर्मसत्ता, धर्मनिरपेक्षता और अध्यात्म 60
धर्म, आध्यात्मिकता और मार्क्सवाद 64
अटलांटा की तीर्थयात्रा 68
खुले आकाश के नीचे जमीन का स्वच्छ टुकड़ा 73
अपनी समझ के उपयोग का साहस 77
'आहत भावनाएँ' और जागृत विवेक 81
इस निमन्त्रण को स्वीकार करें 85
वह निमन्त्रण और यह निमन्त्रण 89
सहजानन्द सरस्वती का 'गीता धर्म' 93
'गीता धर्म' और 'गीता हृदय' 96

भावनाओं का बवाल है, भैया 101
संकट विश्वसनीयता का 105
'धर्म की अधार्मिक समीक्षा' और धर्मेतर अध्यात्म 109
'एक तत्त्व की प्रधानता, कहो उसे जड़ या चेतन' 113
धर्म की रागात्मक भूमिका और धर्मेतर अध्यात्म 118

परिशिष्ट

धर्मशास्त्र से मुक्ति और मुक्तिकामी धर्मशास्त्र 123
नामानुक्रमणिका 129

यह संकलन

दैनिक 'जनसत्ता' में प्रकाशित हो रहे पाक्षिक स्तम्भ 'मुखामुखम' में लिखे गए पहले छब्बीस लेखों का संकलन है यह।

धर्म के स्वरूप और उसकी शक्ति के प्रति जिज्ञासा बचपन से ही चली आ रही थी। कहते हैं कि ईश्वर एक है, और सारे धर्म, उसी तक पहुँचने के अलग-अलग रास्ते हैं। फिर ये रास्ते आपस में टकराते क्यों है ? इन पर चलनेवाले आपस में इस बुरी तरह लड़ जाते क्यों हैं ? कहते हैं कि 'मजहब नहीं सिखाता आपस में वैर रखना'—फिर इतिहास पर, अपने आसपास पर नजर डालने से ऐसा क्यों लगता है कि 'मजहब ही सिखाता है आपस में वैर रखना !' कहते हैं कि सभी धर्म प्रेम और करुणा की शिक्षा देते हैं, फिर धर्मों के अधिकांश अनुयायी वैर और घृणा की ऐसी दीक्षा कहाँ से पा जाते हैं ? कहते हैं कि लोगों को धर्म के नाम पर निहित स्वार्थवाले लोग लड़वाते हैं—लेकिन बात-बात में फूँक-फूँककर कदम रखनेवाले लोग धर्म के नाम पर लड़ क्यों जाते हैं ? भड़क क्यों जाते हैं ? कहते हैं कि धर्म भय और भ्रान्ति का परिणाम है—फिर ज्ञान और सूचना की ऐसी जबर्दस्त क्रान्ति के बावजूद धर्म के प्रति लोगों का मोह कम होने की बजाय बढ़ता क्यों जाता है ?

धर्म के प्रसंग में बहुत बड़ी खाई है—उसके बीच जो कहा जाता है और जो अनुभव किया जाता है।

इस खाई को लाँघने की भी कोशिश बरसों से चली आ रही है। बचपन से। सवालों की सूरत बदलती रही, नए-नए सवाल जुड़ते रहे—उसी मूल जिज्ञासा में—धर्म के स्वरूप और उसकी शक्ति को समझने की जिज्ञासा में। धर्म के बारे में मीठी-मीठी ठकुरसुहाती बातें हों या उसे चटपटे जुमलों में चलता कर देनेवाली भंगिमाएँ—दोनों से असन्तुष्टि धीरे-धीरे ऊब में बदलती गई। धर्म के सार, स्वरूप और प्रभाव को ध्यान से, गम्भीरता से समझने की पिपासा बढ़ती गई।

एक रोचक, बल्कि चिन्ताजनक तथ्य धीरे-धीरे साफ होने लगा। धर्म के सामान्य अनुयायी, साधारण (या असाधारण) आस्थावान् लोग हों या धर्म को हिंसक राजनीति में बदलनेवाले चतुर सुजान, धर्म के अध्येता हों या कठोर आलोचक और घोर विरोधी—अपने सारे मतभेदों के बावजूद इनमें से अधिकांश एक बात पर सहमत हैं। वह बात यह कि धर्म और अध्यात्म एक ही सिक्के के दो पहलू हैं। या तो अध्यात्म फिजूल

की बात है, या फिर धर्म ही अध्यात्म का एकमात्र आधार और माध्यम है। या तो अध्यात्म का आशय है—समाजनिरपेक्ष आत्मलीनता या फिर अध्यात्म का अर्थ है प्रतिक्रियावादी रहस्यवाद। दोनों में से किसी भी तर्क पद्धति को अपनाइए, निष्कर्ष पहले से तय है : यदि अध्यात्म के प्रश्नों में आपकी दिलचस्पी है तो आप धर्म को अपनाइए; यदि आप धर्म से असुविधा महसूस करते हैं तो अध्यात्म को भी साथ-साथ खारिज कर दीजिए।

परस्पर विरोधी तर्क-पद्धतियों का निष्कर्ष के धरातल पर यह सामंजस्य अद्भुत है। धर्मेतर अध्यात्म की सम्भावनाओं पर विचार का प्रस्ताव विरुद्धों के इस सामंजस्य के टकराने का, और हो सके तो इसके परे जाने का प्रस्ताव है।

इन सम्भावनाओं को खोजने का बेचैन अनुष्ठान चलता रहा, ज्यादातर पढ़ने और सोचने के धरातल पर; थोड़ा-बहुत इधर-उधर कुछ लिख देने या बोल देने के रूप में। इसे कुछ व्यवस्थित सहचिन्तन का रूप देने का अवसर मिला, सन् दो हजार में, ऑक्सफेम के कार्यक्रम के अन्तर्गत आयोजित परिसंवाद में। परिसंवाद का विषय ही बनाया गया : 'एक्सप्लोरिंग स्प्रिच्युअलिटी विदाउट रिलीजन !' जैसुइट संस्था 'विद्याज्योति' के सहयोग से आयोजित और अग्रणी दार्शनिकों, विचारकों, लेखकों, समाजकर्मियों, इतिहासकारों के योगदान से समृद्ध यह परिसंवाद बहुत ही विचारोत्तेजक और उत्साहवर्धक अनुभव था। यह बोध करानेवाला अनुभव कि धर्मेतर अध्यात्म की चर्चा बहुत से लोग बहुत से लोगों से करना चाहते हैं। यह अनुभव सम्भव हो सका दिलीप सीमियन, जमाल किदवई और मारकस टॉमसन के सहयोग से।

इस परिसंवाद से अपने सोच को व्यवस्थित करने में बड़ी सहायता मिली। बचपन से चली आ रही बेचैनी के सरोकारों को पहली बार व्यवस्थित रूप से, देश के अग्रणी विचारकों, विद्वानों के सामने रखने का अवसर मिला। अब तक तो ये सरोकार ज्यादातर दोस्तों के बीच, गप-गोष्ठियों के सदाबहार मंच पर ही प्रकट होते रहे थे। दोस्त लोग भी कभी चमत्कृत होते रहे; कभी कुपित ! अब लगने लगा कि इन बातों को सिलसिलेवार ढंग से बीच बहस में उतारना जरूरी है।

मेरे मित्र और 'जनसत्ता' के सम्पादक श्री ओम थानवी का नियमित आग्रह चला आ रहा था 'जनसत्ता' में नियमित रूप से लिखने का। बीच-बीच में तो लिखता ही रहता था। 29 मार्च, 2003 की उस शाम, मैं उनसे कह बैठा, ''साहब मैं तो 'जनसत्ता' में कॉलम लिखने को तैयार हूँ।'' सोचा था कि ओमजी टाल देंगे और इस तरह नियमित रूप से लिखने के नियमित आग्रह से छुट्टी मिलेगी। लेकिन वे तो फौरन मान गए। 'लिखिए—महीने में दो बार।' इस तरह 'कॉलम' का जन्म हुआ। दो-चार दिन में नामकरण भी हो गया, 'मुखामुखम'। पहला लेख प्रकाशित हुआ—18 मई, 2003 को, 'दो स्वप्नों का असाध्य विरोध।'

ऐसा कोई इरादा पहले से तय नहीं था कि 'मुखामुखम' का मुख्य बल धर्म, समाज और धर्मेतर अध्यात्म के सवालों पर रहे। वह तो हुआ यों कि गांधी-नेहरू के

सम्बन्ध—और संवाद के मुद्दे से जुड़े सवालों को स्पष्ट करने के लिए लिखा, 'धर्मसत्ता बनाम आत्मसत्ता, अध्यात्मसत्ता'। उसमें उल्लेख था—कार्ल मार्क्स के धर्म और अध्यात्म से सम्बन्धित विचारों का। धर्मसत्ता द्वारा मनुष्य की चेतना पर आरोपित 'फाउस्टियन पैक्ट' का। इस लेख ने बहुत से मित्रों को विचलित और उत्तेजित किया—बहुतों को उत्साहित और प्रभावित। सवाल उठे, बौद्धिक चुनौतियाँ आईं, जिनसे टकराने का सिलसिला चलना ही था। चल पड़ा।

'जनसत्ता' के वरिष्ठ सहायक सम्पादक श्री अशोक शास्त्री ने 'धर्मसत्ता बनाम आत्मसत्ता, अध्यात्म सत्ता' पढ़ते ही सलाह दी कि बात यों ही न छोड़ दी जाए। तर्क को विकसित किया जाए; समस्या के विभिन्न पहलुओं की परख की जाए।

धर्मेतर अध्यात्म न तो समाजविमुख आत्मलीनता है और न धर्म का अकादमिक विमर्श मात्र। स्वाभाविक रूप से, 'मुखामुखम' में लिखे जा रहे लेख अपने समय को समझने की यथासम्भव कोशिश करते लेख हैं। कोई भी 'अपना समय' न तो केवल वर्तमान तक सीमित हो सकता है, न वर्तमान से विमुख। 'अपने समय' का वर्तमान पक्ष हो, या उसका अतीत या उसका भविष्य—धर्म के शुभाशुभ पक्षों की उपेक्षा क्या सम्भव है? धर्म की किसी भी समीक्षा में उसके आध्यात्मिक क्षणों और सामाजिक सन्दर्भ की उपेक्षा क्या सम्भव है ? एक ओर धर्म से—दूसरी ओर सर्जनात्मकता से, कल्पना से अध्यात्म संवेदना के सम्बन्ध की उपेक्षा क्या सम्भव है ?

पिछले एक बरस से 'मुखामुखम' एक समग्रबोध की साधना करने की भरसक कोशिश करता रहा है। सैद्धान्तिक प्रश्नों से जूझने से लेकर अटलांटा, वर्धा और गोपेश्वर के अनुभव-संवेदनों को पाठकों के सामने प्रस्तुत करने तक के रूप में। इस एक बरस में, लगता रहा कि ये लेख उत्सुकता के साथ पढ़े गए। जाने-माने बुद्धिजीवियों से लेकर आम पाठक तक औपचारिक-अनौपचारिक प्रतिक्रियाओं से अवगत कराते रहे। जाहिर है कि सभी प्रतिक्रियाएँ स्वीकृति और समर्थन की नहीं थीं। क्यों हों ? कुछ मित्रों को इस लेखक की 'सिंसियरिटी' पर सन्देह भी हुआ—कुछ को वैचारिक निष्ठाओं पर भी। उनका अधिकार है यह। अपन यही निवेदन कर सकते हैं कि लेखक की निष्ठा से अधिक महत्त्वपूर्ण है : विषय की गम्भीरता। प्रश्नों की प्रामाणिकता। इस लेखक का क्या है ! आज है, कल नहीं। लेकिन सवाल हैं, और शायद रहेंगे; मेरे बाद भी। आपके बाद भी। उनकी उपेक्षा न करें। निष्ठा के प्रमाण-पत्र माँगने और बाँटने की कृपापूर्ण गतिविधि से अधिक महत्त्वपूर्ण है ईमानदार बहस।

सन्तोष है इस बात का कि बहस छिड़ी। स्वयं 'जनसत्ता' के 'मतान्तर' और सम्पादक के नाम पत्रों में भी, 'जनसत्ता' के बाहर भी। बहुत से लोगों से बात करके लगा कि इस 'कॉलम' में कही जा रही बातों से, धर्म की सम्यक् समीक्षा के आग्रह से, अस्मितावादी राजनीति की पड़ताल के आग्रह से वे अपने सरोकार जुड़ते पा रहे हैं। वे सरोकार—जिन्हें वे कह नहीं पा रहे। महसूस करते हैं कि ये बातें विचार के लायक हैं, स्वयं विचार नहीं कर पा रहे। सीमाओं के कारण, 'आभ्यन्तरीकृत सेंसर' के कारण।

महसूस हुआ कि ऐसे बहुत से मित्र, 'मुखामुखम' के साथ गहरा अपनापा जोड़ने लगे हैं। कई मित्रों ने ओमजी और अशोक शास्त्री के आग्रह का समर्थन किया—इन लेखों का संकलन तैयार होना चाहिए। सो, यह संकलन तैयार कर दिया।

लेख उसी क्रम और उसी रूप में हैं, जिसमें वे 'जनसत्ता' में छपे। एक फर्क के साथ। अखबारों में एकेडमिक ढंग से सन्दर्भ नहीं दिए जाते। यहाँ, जहाँ जरूरत थी; सन्दर्भ संकेत दे दिए गए हैं। लेखों के प्रकाशन की तारीखें बता दी गई हैं। कॉलम में उपलब्ध 'स्पेस' की सीमाओं के कारण दो-एक लेखों से कुछ वाक्य सम्पादित कर दिए गए थे। उन्हें यहाँ पुनः स्थापित कर दिया गया है। सहजानंद सरस्वती ग्रंथावली की समीक्षा 'जनसत्ता' में ही छपी थी। उसे भी यहाँ परिशिष्ट में दे देना ठीक लगा।

अखबारों में गम्भीर-विमर्श की गुंजाइश दुनिया-भर में दिनोंदिन कम होती जा रही है। ऐसी स्थिति में, धर्मेतर अध्यात्म की सम्भावना रेखांकित करते, दर्शनशास्त्र की बहसों में उलझते, अस्मिता के सवालों से टकराते ये लेख पिछले एक बरस में एक दैनिक अखबार में छपे। कॉलम अभी चल ही रहा है, उम्मीद है कि चलता भी रहेगा। इस कॉलम के जरिए खुद अपने आप से गहरा संवाद करने का अवसर दिया—आभार ओम थानवी और अशोक शास्त्री का।

पुस्तक समर्पित है श्री प्रकाश दीक्षित को। ग्वालियर के संवेदनशील नौजवानों के सदाबहार चुम्बक़। मेरे पहले गुरु।

पिछले अठारह बरसों से दिलीप सीमियन के साथ मैत्री का सौभाग्य प्राप्त है। अहिंसा-दृष्टि के बारे में उनके चिन्तन में जितनी गहरी जीवन सम्पृक्ति है; उतनी ही विचारोत्तेजकता। उनसे हुए संवादों ने हिंसा-अहिंसा के सवालों पर सोचने में बड़ा योगदान किया। आभार 'प्रिंसिपल साहब'—दिलीप सीमियन का !

आभार श्री अशोक महेश्वरी का जो मेरे जैसे वादा तोड़नकला में सिद्धहस्त लेखक को लगातार झेलते आए हैं—और कभी नहीं कहा, 'तेरे वादे पे जीए हैं, ये जाना तो झूठ जाना...।'

और अन्त में,

आभार सुमन का—सिर्फ इस किताब को सम्भव करनेवाली चर्चाओं, प्रोत्साहनों के लिए ही नहीं !

पुरुषोत्तम अग्रवाल

जवाहरलाल नेहरू की
चालीसवीं पुण्यतिथि
27 मई, 2004

निज ब्रह्म विचार

दो स्वप्नों का असाध्य विरोध

जवाहरलाल नेहरू के प्रति हिन्दू राष्ट्रवादियों की घृणा कोई नई बात नहीं। वे शुरू से ही नेहरू की सोच को 'परकीय' बताते रहे हैं। भारतीय संस्कृति और हिन्दू धर्म को सबसे ज्यादा नुकसान, संघी सोच के मुताबिक नेहरू ने ही पहुँचाया। कुछ बरस पहले तक गांधीजी भी इस नुकसान के लिए बराबर के जिम्मेवार कहे जाते थे; लेकिन अब रणनीति बदली है। अब कोशिश गांधीजी को तोड़-मरोड़कर हथियाने और नेहरू को पूरी तरह धकियाने की है। इसी रणनीति के तहत सरसंघचालक सुदर्शनजी इन दिनों बार-बार नेहरू को 'भारत का आखिरी अंग्रेज शासक' निरूपित कर रहे हैं। फिलहाल हमारे सामने सुदर्शनजी द्वारा छह अप्रैल, 2003 को गाजियाबाद में दिए गए 'बौद्धिक' की प्रेस-रपट है। इसका शीर्षक है, 'गांधी की गलतियों का खामियाजा भुगत रहा है देश।' सरसंघचालक का कहना है कि पटेल की जगह नेहरू को प्रधानमन्त्री बनाने की जिद कर गांधीजी ने सबसे बड़ी गलती की। 'भारत के आखिरी अंग्रेज शासक' नेहरू के ही कारण मैकाले की शिक्षा-नीति लागू हुई, और उन्हीं के कारण, 'छद्‌म धर्मनिरपेक्षता' की नींव पड़ी।

इतने लम्बे सार्वजनिक जीवन के सन्दर्भ में, यह बिलकुल स्वाभाविक है कि किसी को नेहरू की समझ और उनकी नीतियाँ आलोचना के लायक लगें। लेकिन आलोचना और बात है, 'आखिरी अंग्रेज शासक' कहना और बात। नेहरू के प्रति संघ की चिढ़ को व्यक्त करनेवाली भाषा के सांस्कृतिक-राजनीतिक अर्थ को समझने का प्रयत्न ध्यान से करना चाहिए। इसलिए भी कि बहुत से नेकदिल गांधीवादी भी मानते हैं कि नेहरू को वरीयता देकर गांधीजी ने गलती की। वे भी मानते हैं कि नेहरू की सोच, उनका मिजाज भारतीय परम्परा और मनीषा के प्रतिकूल था।

फिलहाल हम सरसंघचालकजी पर ही ध्यान दें। उनका मतलब साफ है : जब तक नेहरू की सोच को जनजीवन से पूरी तरह बाहर न कर दिया जाए, तब तक धर्मनिरपेक्षता, समाजवाद और लोकतन्त्र जैसी 'परकीय' बातें 'हिन्दू राष्ट्र' के आड़े आती रहेंगी। 'आखिरी अंग्रेज शासक' कह-कहकर नेहरू को पराधीनता के प्रतीक, राष्ट्र के खलनायक के रूप में पेश करने के पीछे मंशा यही है।

इस मंशा के पीछे मौजूद चिढ़ या एक कारण तो संगठनपरक ही है। सांस्कृतिकता और समाजसेवा के संघी दावों से नेहरू कभी प्रभावित नहीं हुए। वे साम्प्रदायिकता को

बुनियादी तौर से लोकतन्त्र विरोधी ही नहीं, अमानवीय राजनीति मानते रहे—और बहुसंख्यक साम्प्रदायिकता को देश के लिए सर्वाधिक घातक भी। लेकिन संघ की चिढ़ की वजह और भी गहरी है। असली संघर्ष भारत-स्वप्न का है। संघ के सपनों के भारत का गांधी-नेहरू के सपनों के भारत से मूलभूत और असाध्य विरोध है। इस विरोध को छिपाने के लिए ही गांधी-नेहरू के परस्पर संवाद (जिसमें, स्वस्थ मतभेद शामिल हैं) का विकृतीकरण कर उसे गांधी-नेहरू के बीच विरोध के रूप में रचा जाता है। कैसा देश हो ? कैसा समाज हो ? सार्वजनिक जीवन में संगठित धर्म की भूमिका क्या हो ? भारत की सांस्कृतिक विरासत को कैसे देखे-परखें ? इन सवालों का जितना सम्बन्ध अतीत और वर्तमान से है, उससे कहीं ज्यादा है, भविष्य-दृष्टि से। इस बात से कि आपके मन में मौजूद भारत-स्वप्न क्या है, कैसा है। स्वाधीनता के समय जो भारत-स्वप्न गांधी की विरासत के रूप में नेहरू को मिला, और जिससे संवाद, बहस करते हुए नेहरू ने अपना भारत-स्वप्न गढ़ा—संघ का मूलभूत विरोध उसी भारत का स्वप्न से है।

सच तो यह है कि भारतीय जन मानस के साथ संवाद स्थापित करने के धरातल पर नेहरू गांधीजी से भी अधिक प्रेरक व्यक्तित्व हैं। उनके संवाद के मुहावरे में धार्मिकता न थी; रहन-सहन में 'पारम्परिकता' न थी; जरूरत पड़ने पर 'अपने' लोगों की कठोरतम आलोचना करने का साहस था, और इस सबके साथ ही भारत के 'धर्मप्राण'; परम्परावादी समाज के साथ उनका संवाद इतना गहरा और उत्तेजक था कि वे बेखटके बाँधों और कारखानों को 'नए भारत के नए तीर्थस्थल' कह सकते थे।

वास्तविकता यह है कि जिस कारण संघ के मानस में नेहरू के प्रति ऐसी असाध्य चिढ़ है; ठीक उसी कारण गांधीजी ने नेहरूजी को वरीयता दी। वह कारण है : भारतीय परम्परा के बहुलतावादी स्वरूप के प्रति नेहरू की अटूट निष्ठा; उस बहुलता को धारण करनेवाली पद्धति के रूप में सेकुलर लोकतन्त्र के प्रति नेहरू की अडिग आस्था। गांधी और नेहरू दोनों के लिए भारत की विविधता और बहुलता 'समस्या' नहीं, उसकी सबसे बड़ी पूँजी थी, और इस पूँजी का निवेश भारत-स्वप्न में करने का तरीका अनिवार्य रूप से था—सेकुलर लोकतन्त्र। इस सेकुलर लोकतन्त्र को भी हिन्दुत्ववादी सबसे बड़ी समस्या के रूप में देखते हैं; और इसी में अडिग आस्था के कारण गांधीजी को देश का भविष्य नेहरू के हाथों में सुरक्षित लगा था।

गांधी-नेहरू का सम्बन्ध परम्परा और आधुनिकता के सार्थक, और निस्सन्देह वेदनापूर्ण-संवाद का अत्यन्त मार्मिक रूपक है। गांधी के स्वभाव में परम्परा का स्वर अधिक प्रबल था—लेकिन गहरे आलोचनात्मक विवेक और सर्जनात्मक मौलिकता के साथ। सनातन धर्म में अपनी सहज आस्था के कारण वे स्वयं को मुसलमान, ईसाई, पारसी भी मानते थे—सिर्फ हिन्दू नहीं। यह कथन अपने जन्मजात संस्कारों के प्रति लगाव के साथ-साथ धर्म और जीवनदृष्टि दोनों के प्रसंग में सार्वभौम मूल्यबोध के प्रति भी लगाव को ही व्यंजित करता है। इसी मूल्यबोध के कारण, गहरे अर्थ में धार्मिक व्यक्ति गांधीजी यह कह सकते थे, "सत्य और अहिंसा के सार्वभौम, शाश्वत मूल्यों के विरुद्ध जानेवाली

कोई भी आस्था अस्वीकार्य है।'' वह चाहे धार्मिक हो चाहे गैर-धार्मिक। 'स्वकीय' हो या 'परकीय'। नहीं भूलना चाहिए कि महाभारत के सारे युद्ध को व्यक्ति के नैतिक आत्मसंघर्ष के रूप में गांधीजी ने ही देखा था; और गीता के उपदेश की नितान्त अहिंसापरक व्याख्या भी उन्हीं ने की थी।

नेहरू शब्द के श्रेष्ठतम अर्थों में आधुनिक व्यक्ति थे। ऐन इसी वजह से उनके मन में परम्परा के प्रति न तो अन्धविश्वास था, न अन्धविरोध। आधुनिक़ता को भी उन्होंने अन्ध आस्था के रूप में नहीं, आलोचनात्मक विवेक की सर्जनात्मक विधि के रूप में अपनाया था। इसी कारण, खुलकर बहस करने के बावजूद, कई बार कड़े शब्दों में असहमति दर्ज करने के बावजूद गांधीजी के व्यक्तित्व में व्यंजित परम्परा के उत्कृष्ट, उदात्त रूप के प्रति उनका आदर और अनुराग सदा बना रहा।

नेहरू की सबसे बड़ी विशेषता यह थी कि संगठित धर्म के किसी भी रूप के प्रति अपनी घोषित अरुचि के बावजूद वे अपने देश की 'धर्मप्राण' जनता के साथ इतना गहरा और इतना सार्थक संवाद कर सके। अपने रहन-सहन की स्पष्ट रूप से आभिजात्य आधुनिकता के साथ ही वे भारतीय जनता के हर समूह और हर वर्ग के अपने बन सके।

ऐसा तो है नहीं कि गांधीजी नेहरू की सोच से नावाकिफ़ थे। औद्योगीकरण का मसला हो या किसी संगठित धर्म में आस्था का—गांधीजी अपनी सोच से नेहरू की भिन्नता से भली-भाँति अवगत थे। दोनों में से कोई भी इतना 'चतुर' (!) न था कि अपनी सोच को छिपाए; आजकल के मुहावरे में सत्तासुख के लिए, 'इशूज़ को बैकबर्नर' पर रख दे। फिर भी, गांधीजी पूरी तरह आश्वस्त थे कि ''स्फटिक की भाँति निर्मल हृदयवाले जवाहरलाल के हाथों में देश का भविष्य सुरक्षित है।''

ऐसा मानने में हर्ज नहीं कि गांधीजी नेहरू की सोच को, और खुद अपनी सोच को भी सरसंघचालकजी और कुछ गांधीवादियों से बेहतर ढंग से जानते-समझते थे—और यह भी समझते थे कि नेहरू को वरीयता देकर वे क्या कर रहे हैं। उनकी 'गलती' बतानेवालों को सवाल असल में यह पूछना चाहिए कि गांधीजी ने नेहरू को वरीयता आखिर दी क्योंकर ?

अपनी आधुनिकता (संघी मुहावरे में 'अंग्रेजियत' !) के साथ ही नेहरू भारत की पारम्परिकता और धर्म-प्राणता से ऐसा संवाद कर सके—जिसने आधुनिकता और पारम्परिकता दोनों को और अधिक जीवन्त और समृद्ध बनाया। राजनीति का ऐसा मुहावरा स्थापित कर सके, जिसने धर्म और अस्मिता के तरह-तरह के ठेकेदारों को सार्वजनिक जीवन के हाशिए पर ही उछल-कूद मचाने को मजबूर कर दिया। ऐसे में सरसंघचालकजी नेहरू को 'आखिरी अंग्रेज शासक' कहकर अपनी भड़ास निकालें—यह स्वाभाविक है। यह भी स्वाभाविक है कि उन्हें इस 'अंग्रेजियत' का सबसे बड़ा प्रमाण नेहरू के सेकुलरिज्म में नजर आए। ऐसे में, नेहरू की धर्म-दृष्टि को समझना शिक्षाप्रद होगा।

वास्तविकता यह है कि नेहरू की धर्मदृष्टि में आधुनिक बोध और पारम्परिक

बहुदेववाद का अत्यन्त प्रेरक संगम हुआ था। संगठित धर्म के बारे में उनकी राय स्पष्ट थी, "विचारवान् लोग भी आमतौर से धर्म का जो अर्थ लेते हैं—वह चाहे हिन्दू धर्म हो, इस्लाम हो, बौद्धधर्म हो या ईसाइयत—मुझे आकर्षित नहीं करता...इसमें गैर आलोचनात्मक आस्था और तर्कहीन पर निर्भरता के तत्त्व हैं।" साथ ही वे यह भी जानते थे, "धर्म मानवीय चेतना की किसी गहरी जरूरत को सन्तुष्ट करता है।" ज्यादा महत्त्वपूर्ण यह कि, "धर्म मानवीय अनुभव के उन अज्ञात क्षेत्रों की ओर जाता है, जो समयविशेष के विज्ञान और अनुभवपरक ज्ञान के परे हैं।" ('डिस्कवरी ऑफ इंडिया', एशिया पब्लिशिंग हाउस, नई दिल्ली, 1960 संस्करण, पृ. 11-12) यही कारण था कि संगठित धर्म के प्रति निजी अरुचि के बावजूद आक्रामक किस्म के धर्म-विरोध में नेहरू की रुचि न थी। प्रचलित धार्मिकता का विकल्प वे प्राचीन भारत और प्राचीन यूनान की बहुदेववादी (उनके अपने शब्दों में, 'पैगन') संवेदना और उसके साथ 'जीवन के प्रति नैतिक दृष्टिकोण' में पाते थे। पैगन संवेदना और नैतिक दृष्टिकोण के इस संगम के ही आधार पर उन्होंने अपनी निजी धर्मदृष्टि विकसित की, और इसी आधार पर सार्वजनिक जीवन तथा राजतन्त्र में सच्ची पन्थनिरपेक्षता की वकालत की। इसी संगम के कारण उन्होंने गांधीजी के साधन शुचिता के आग्रह को उनका 'सर्वाधिक महत्त्वपूर्ण योगदान' बताया। (वही, पृ. 14)

नेहरू ने बार-बार कहा कि अस्तित्व की पहेली हो, ब्रह्मांड का रहस्य हो या मनुष्य का आन्तरिक जीवन हो—वे किसी बने बनाए आस्थातन्त्र या देवमंडल की बजाय, अद्वैत वेदान्त और "प्राचीन भारत, प्राचीन यूनान के पैगन परिवेश" के अधिक निकट अपने आपको पाते हैं। नेहरू की खोज वस्तुतः धर्मेतर आध्यात्मिकता की खोज थी—वे चाहते थे कि यह खोज हर मनुष्य करे। साहित्य के माध्यम से, भाषा के माध्यम से, विज्ञान के माध्यम से और सर्वोपरि, 'जीवन के प्रति नैतिक दृष्टिकोण' के माध्यम से। वे यह भी जानते थे कि, "सत्य पर एकाधिकार के किसी भी दावे से पैगन अवधारणा का मूलभूत विरोध है।" उनके लिए प्राचीन भारत की बहुदेववादी / सर्वेश्वरवादी, 'पैगन'—अवधारणा और लोकतन्त्र की आधुनिक अवधारणा परस्पर पूरक थीं—विरोधी नहीं।

नेहरू को वरीयता देकर गांधीजी ने गलती का नहीं, अद्‌भुत अन्तर्दृष्टि का परिचय दिया। गांधीजी जानते थे कि उनकी और नेहरू की धर्मदृष्टियों का परस्पर संवाद कितना आवश्यक है। भारत-स्वप्न के लिए भी और सारी इंसानी बिरादरी के लिए भी। जरूरत इस संवाद के साथ संवाद करने की है—धर्मेतर आध्यात्मिकता की कल्पना को और समृद्ध करने के लिए—तथा सच्चे भारत-स्वप्न को वास्तविकता में बदलने के लिए।

18 मई, 2003

सत्य के प्रयोग और भारत की खोज

वह सत्ताईस मई की दोपहर थी। आधे सोते आधे जागते कानों में दूर से अजीब-सी आवाज आ रही थी, "जलाओ घी के...मर गया... ।" रुँधे गले में फँसती आवाज माँ की थी...झकझोरते हाथ माँ के थे, "उठो, उठो...नेहरूजी नहीं रहे।" नीचे गली से कोई फिर चिल्लाया, "जलाओ घी के..." माँ फिर बोली..."उठ जाओ, नेहरू नहीं रहे।" और एक आँसू टपका मेरे गाल पर। थोड़ी देर बाद पिता दुकान बढ़ाकर घर आए...माँ की ही तरह पस्त भीतर कुछ टूटा हुआ लिए हुए।

आज उनतालीस बरस बाद भी ये दोनों आवाजें साथ-साथ गूँजती हैं कान में। गली से उठती आवाज के रूप और संस्करण अब कई हैं, लगता है उनकी ताकत भी कई गुना बढ़ गई है। माँ की आवाज जैसे पीछे छूट गई, मद्धम पड़ गई। उस गली से आती आवाज का तर्क भी समझ आता है। आखिर वह मोहल्ला हमारे शहर में हिन्दू महासभा का गढ़ माना जाता था। लेकिन माँ ? लेकिन पिता ? उन्हें तो कभी नेहरू के प्रति प्रेम या सम्मान बहुत जोर से जताते सुना नहीं था। उनकी दुनिया तो धर्म से ही परिभाषित होती थी—और हिन्दू सभा की, उसके विविध संस्करणों की आवाज-चीख-चीखकर कहती थी, कहती है कि नेहरूजी के कारण छद्म धर्मनिरपेक्षता की नींव पड़ी। फिर क्यों हमारे धर्म-भीरु, कांग्रेस-विरोधी घर में उस रात चूल्हा नहीं जला ? क्यों माँ-बाप का व्यवहार ऐसा था जैसे सिर से किसी बड़े का साया उठ गया हो !

आज बहुत से लोग भारतीय जनमानस में गांधीजी की उपस्थिति को तो सहज मानते हैं, नेहरू के बारे में जताया जाता है कि उनका तो सोच-विचार; मन-संस्कार सब कुछ विलायती था—उनका भला क्या संवाद भारतीय जनमानस से। वे भारत को समझते भी कहाँ थे—वे तो आपादमस्तक पश्चिमी रंग में रँगे थे !

लेकिन क्या वह घर अनोखा था, जहाँ उस रात चूल्हा नहीं जला ? या वह घर देश के लाखों-करोड़ों साधारण घरों में से ही एक था ? क्या खो दिया था उस दोपहर इन तमाम घरों ने ?

आज इतने बरस बाद लगता है कि बहुत से बुद्धिजीवी संवाद की मानवीय विधि को ही नहीं समझते। इसीलिए तो चर्चा 'विरासत' की होती है, उस जादू की नहीं, जो ऊपर से विपरीत ध्रुवों पर खड़े लगते व्यक्तियों के बीच प्रेम और संवाद का रिश्ता सम्भव करता है। ऐसा तो है नहीं कि गांधीजी नेहरू की सोच से नावाकिफ थे। औद्योगीकरण

का मसला हो या संगठित धर्म के प्रति दृष्टि का—गांधीजी अपनी सोच से नेहरू की भिन्नता भली-भाँति जानते थे। फिर भी, गांधीजी आश्वस्त थे कि "स्फटिक की भाँति निर्मल हृदयवाले जवाहरलाल के हाथों देश का भविष्य सुरक्षित है ?"

ऐसा मानने में हर्ज नहीं कि गांधीजी अपनी और नेहरू की सोच को 'सांस्कृतिक राष्ट्रवादियों' और कुछ उत्साही गांधीवादियों से बेहतर ढंग से जानते-समझते थे। हमें बजाय गांधीजी की गलती बखानने के, पूछना यह चाहिए कि गांधीजी नेहरू को वरीयता आखिरकार दे क्यों रहे थे ? इस सवाल के जरिए हम उस संवाद तक पहुँच सकेंगे—जो एक ओर गांधीजी और नेहरू के बीच; दूसरी ओर नेहरू और भारतीय जनमानस के बीच लगातार चलता रहा।

सच तो यह है कि इस जनमानस के साथ संवाद स्थापित करने के धरातल पर नेहरू गांधीजी से भी अधिक प्रेरक व्यक्तित्व हैं। उनके मुहावरे में 'धार्मिकता' न थी; रहन-सहन में 'पारम्परिकता' भी नहीं थी। जरूरत पड़ने पर 'अपने' लोगों की कठोरतम आलोचना करने का साहस था—और पारम्परिक 'धर्मप्राण' भारतीय जनता के साथ संवाद इतना सहज था कि वे बाँधों और कारखानों को 'नए भारत के नए तीर्थस्थल' कह सकते थे।

गांधी और नेहरू भारतीय जनमानस के लिए केवल राजनेता, केवल राष्ट्रनिर्माता भी नहीं, बल्कि सहयात्री और मार्गदर्शक थे। जिसे 'धर्मप्राणता' कहा जाता है; उसका सबसे सार्थक अंश क्या है ? मनुष्य की दैनन्दिन दुष्टता के बावजूद परिपूर्ण, आदर्श मानव हो सकने की सम्भावना में विश्वास ! यह विश्वास ही वह आध्यात्मिक सार है, जिसका भले-बुरे (ज्यादातर बुरे-बुरे ही) ढंग से उपयोग संगठित धर्मसत्ताएँ करती आई हैं। इसी आध्यात्मिक सार पर आधारित नैतिक मूल्यों को राजनीति के केन्द्र में रखने के कारण हमारा स्वाधीनता आन्दोलन दुनिया-भर के उत्पीड़ित लोगों के लिए प्रेरणा का सतत स्रोत बन सका।

गांधीजी को भी 'धर्मप्राणता' का यह आध्यात्मिक सार बैठे-बिठाए नहीं मिल गया था। उन्होंने इसे जटिल तप से अर्जित किया और अपने जीवन को जब स्वयं परखना चाहा, उस परख की कथा कहनी चाही तो उस कथा को नाम दिया, 'सत्य के प्रयोग' गांधीजी के जीवनतप के प्रकाश ने नेहरू को ही नहीं, उनके अन्य अनेक साथियों को भी राह दिखाई। हिन्दू राष्ट्रवादी गोडसे द्वारा गांधीजी की हत्या के बाद नेहरू ने देशवासियों से यही कहा था, 'रोशनी बुझ गई।'

गांधीजी स्वयं को सनातनी हिन्दू कहते थे। नेहरू स्वयं को अस्तित्व मात्र के अद्वैत में विश्वास करनेवाला 'पैगन' (बहुदेववादी, प्रकृतिपूजक, बहुलतावादी) कहते थे। गांधीजी की सनातनी हिन्दू आस्था उनसे बेखटके कहलाती थी कि "मैं हिन्दू भी हूँ, मुस्लिम भी, ईसाई भी, पारसी भी।" इस धरातल पर गांधी का 'सनातन' धर्म और नेहरू का पैगनिज्म वस्तुतः एक ही है। और यह सनातन पिपासा ही भारतीय सांस्कृतिक अनुभव में बहुलता और संवाद-धर्मिता का संस्कार बन गई है। इस संस्कार का श्रेष्ठतम रूप नेहरू के मिजाज में रचा-बसा था।

और इसी के साथ थी—भारत के उत्थान-पतन के कारणों को समझने की बेचैनी। मूर्खतापूर्ण दम्भ या उतने ही मूर्खतापूर्ण विलाप की बजाय अपने व्यक्तिगत और सामाजिक-सांस्कृतिक 'आत्म' की खूबी-खामी समझने की बेचैनी। अतीत को सिर पर ढोते फिरने की बजाय उसके साथ वर्तमान और भविष्य के सपनों का नैतिक तालमेल बैठाने की बेचैनी। नेहरू की खोज वस्तुतः अपनी जगह की तलाश थी। उनके खुद के लिए; उनकी सांस्कृतिक परम्परा के लिए अपनी जगह की तलाश। यह तलाश व्यक्तिगत-सामाजिक; नैतिक-राजनीतिक; भौतिक-आध्यात्मिक के विरोधी जोड़ों में बँटी हुई न होकर एक पूरेपन की तलाश थी।

जैसे गांधीजी को अनेक प्रयोगों का सार जीवनतप से मिला; वैसे ही उस जीवनतप की रोशनी में अपनी साधना जोड़कर नेहरू ने पूरेपन को हासिल करने के हौसले के साथ 'भारत की खोज' की। वे भारत रचने का दंम्भ नहीं पाल रहे थे। उन्हें यह भी गुमान नहीं था कि भारत की आत्मा केवल रोजमर्रा की राजनीति, उसके नारों या किसी भी तरह के प्रतीकों में बैठे बिठाए मिल जानेवाली है। उनकी खोज का लक्ष्य प्रतीकों के मानवीय सरोकार को समझना था। 'भारत की खोज' के प्रसंग में ही उन्होंने स्वयं को यह जानते पाया, कि जब हम 'वन्दे मातरम्' या 'भारत माता की जय' कहते हैं तो हमारे मन में क्या भावना होनी चाहिए। देश का इतिहास, भूगोल, संस्कृति, विरासत सब कुछ लेकिन सर्वोपरि देश का साधारण से साधारण इंसान। यही है भारत माता—एक तरह से आप स्वयं हैं भारत माता ! बार-बार कहते थे नेहरू अपने श्रोताओं से। गांधीजी के मार्मिक शब्द चित्र का वह आखिरी आदमी जिसकी आँख का आखिरी आँसू पोंछना है—वह है भारत माता का ठोस-रूप भारत का देहधारी अवतार। उसी की जय है भारत माता की जय !

इस आखिरी आदमी की जय ठोस योजना के बिना सम्भव नहीं। न तब थी, न अब है। ऐसी योजना बनाने और लागू करने के क्रम में गलतियाँ जरूरत हुई हैं—लेकिन क्या सिर्फ गलतियाँ ? तीन बरस पहले प्रकाशित पुस्तक 'टेरर इन दि माइंड ऑफ गॉड' में मार्क युरगेंसमेयेर ने सवाल उठाया है कि जिस आध्यात्मिक खोखेलपन का सामना आज मानव समाज कर रहा है—क्या उसका सम्बन्ध हमारी सामाजिक-राजनीतिक संस्थाओं के चरित्र से नहीं है ?

भारतीय स्वाधीनता आन्दोलन सारी दुनिया के लिए प्रेरक इसीलिए बना कि वह उपरोक्त सवाल से तब टकराया जब लोग यह सवाल पूछने के लिए शब्दावली तक नहीं गढ़ पा रहे थे। स्वतन्त्रता के बाद कोशिश की गई एक आत्मनिर्भर राष्ट्रराज्य के गठन के साथ-साथ ऐसे समाज के भी निर्माण की जिसकी संस्थाएँ मनुष्य को उसका पूरापन हासिल करने में सहायता दे सकें। बिना बुनियादी ढाँचे के; बिना सामाजिक समता के; बिना नैतिक राजनीति के—ऐसा पूरापन सम्भव नहीं; इन चीजों के बिना वह आध्यात्मिक खोखलापन आकर रहेगा—जिसकी परिणति युरगेंसमेयेर के शब्दों में, 'परमात्मा के मानस में आतंक' की स्थिति में हुई है।

नेहरू की खोज ऐसे 'भारत की खोज' थी जो इस आध्यात्मिक खोखलेपन के प्रतिवाद का स्वर बन सके। इस खोज में उनकी असफलता हिमालय न चढ़ पाने की असफलता जैसी है; और ऐसी असफलता किसी तरह दो सीढ़ी चढ़कर बेडरूम में पहुँच जाने की सफलता से निश्चय ही अधिक मूल्यवान् है !

नेहरू की 'असफलता' के इस मूल्य को वे सब समझते थे जो उन्नीस सौ चौंसठ की उस सत्ताईस मई की दोपहर बेबस आँसू बहा रहे थे...

और शायद वे भी समझते हैं (हालाँकि किसी और जगह खड़े होकर) जिनके लिए दो हजार तीन की इस सत्ताईस मई के ही दिन नहीं, दिनों दिन नेहरू फिजूल होते जा रहे हैं...

8 जून, 2003

धर्मसत्ता बनाम आत्मसत्ता, अध्यात्मसत्ता

पन्द्रहवीं सदी के जर्मनी में एक खगोल-विज्ञानी था : फाउस्ट। उसके बारे में कहा जाता था कि उसने अपनी आत्मा शैतान के हवाले कर दी है। इस मान्यता के आधार पर शेक्सपीयर के समकालीन नाटककार क्रिस्टोफर मारलो ने एक नाटक लिखा और बाद में जर्मन महाकवि गोयथे ने एक महाकाव्य। इन दो साहित्यिक पुनर्रचनाओं के बाद फाउस्ट की वास्तविक जीवनी अप्रासंगिक हो गई, और फाउस्ट आधुनिक मानव के मूलभूत नैतिक संकट को व्यक्त करनेवाला मिथक बन गया। सत्ता, सुरक्षा और अमरता के बदले अपनी आत्मा, अपना विवेक शैतान को बेच देना—फाउस्ट के मिथक का बीज है। बिक्री के इस दस्तावेज—फाउस्टियन पैक्ट—पर फाउस्ट ने अपने रक्त से हस्ताक्षर किए थे।

'फाउस्टियन पैक्ट' अर्थात् किसी भय या प्रलोभन के कारण अपने विवेक को ऐसी महाकाय सत्ता के हवाले कर देना जो आपको सुरक्षा या अमरता का अश्वासन दे। लेकिन 'पैक्ट' हो जाने के बाद आप पाएँ कि इसमें 'कैंसिलेशन' का प्रावधान तो है ही नहीं। सत्ता ऐसी सर्वव्यापी कि उससे पिंड छुड़ाने की गुंजाइश ही नहीं। न मुक्ति का कोई मार्ग, न संवाद की कोई जगह। सुरक्षा तो पा ली लेकिन विवेक से हाथ धो बैठे। अमरता का वादा पा लिया, लेकिन आत्मा का जीवन खो बैठे।

पता नहीं, शैतान-लूसिफर—ने फाउस्ट से ऐसा कोई पैक्ट किया था या नहीं। पता नहीं, स्वयं फाउस्ट ऐसा पैक्ट करना चाहता था या नहीं। लेकिन संगठित धर्मसत्ता तो मनुष्य को ऐसे ही पैक्ट में बाँधती है। सुरक्षा के बदले विवेक का सौदा। अमरता के बदले आत्मा का समर्पण। सवाल उठता है : मनुष्य क्योंकर स्वीकार करता है, धर्मसत्ता का फाउस्टियन पैक्ट ? क्योंकर लगभग सभी मानव समुदायों में धर्म की पैठ सदा से इतनी गहरी रही है ? क्योंकर इक्कीसवीं सदी में धर्म की वापसी सारी दुनिया में हो रही है—वह भी ज्यादातर आक्रामक सामाजिक पहचान के रूप में। सार्वभौम मूल्यों से उदासीन, संवेदनशून्य हिंसकता के रूप में।

धर्म के प्रति मनुष्य के मन में ऐसा अदम्य आकर्षण क्यों है ? वह कौन-सी भूमिका निभाता है, जिसका कोई विकल्प नहीं है ?

किसी भी धर्म में चार चीजें साफ दिखती हैं। मनुष्य की अध्यात्म पिपासा को तृप्त करने का दावा, सामाजिक नैतिकता और अनुशासन के नियम, आस्था तन्त्र (डॉग्मा) और

अन्य धर्मवालों से 'अपनी' विशिष्ट धार्मिक सामजिक पहचान। मानवीय इतिहास पर ध्यान देने से यह रोचक तथ्य सामने आता है कि इन चार में से तीन के विकल्प धर्म के बाहर भी खोजे गए हैं। सामाजिक अनुशासन और नैतिकता के धर्मनिरपेक्ष स्रोतों की कल्पना की गई। आस्था तन्त्र (डॉग्मा) नितान्त सेकुलर प्रकार के भी हो सकते हैं। इस प्रसंग में, अध्येताओं ने 'राष्ट्र' की धारणा को खासकर लक्ष्य किया है। बताया गया है कि राष्ट्रवादी आस्थातन्त्र में राष्ट्र ईश्वर का स्थानापन्न हो जाता है और 'राष्ट्रवाद' धर्म भावना का। यही बात अन्य आधुनिक विचारधाराओं तथा उनके 'डॉग्मा' के बारे में भी कही जा सकती है। इसी तरह सामाजिक पहचान को निर्धारित करने के माध्यम धर्म के सिवाय और भी हो सकते हैं।

सवाल लेकिन यह है कि मनुष्य की अध्यात्म सत्ता को धारण करने का माध्यम; उसकी आध्यात्मिक प्यास बुझाने का जरिया धर्म के अलावा कुछ और हो सकता है या नहीं ? धर्म के बाहर अध्यात्म सम्भव है या नहीं ? ऐसी सम्भावनाएँ टटोलने की कोशिशें की गई हैं या नहीं ?

धर्मसत्ता की किसी भी बुनियादी और गम्भीर आलोचना के लिए उपरोक्त प्रश्न यक्ष प्रश्न है। यक्ष-प्रश्न इसलिए क्योंकि अध्यात्म का बोध; उससे जुड़ी बेचैनी और वेदना मनुष्य की आत्मसत्ता का अविभाज्य अंग है। अपने 'यहाँ' और 'अभी' से पार जाने की लालसा, इतने विराट् ब्रह्मांड का इतना तुच्छ और फिर भी इतना अनिवार्य अंश होने के अहसास से पैदा होनेवाला विस्मय और विनम्रता; जीवन का अर्थ खोजने की अदम्य आकांक्षा–ये सब मनुष्य की आत्मसत्ता के अध्यात्म तत्त्व को सूचित करते हैं। इस आत्मसत्ता की अध्यात्मसत्ता को। यह अध्यात्मसत्ता ही मनुष्य को मनुष्य बनाती है। इसको धारण करनेवाला; इसे तृप्त करनेवाला कोई-न-कोई माध्यम तो मनुष्य को चाहिए ही। बुद्धि-विवेक और अध्यात्म के बीच केवल विरोध ही की कल्पना करनेवाले इस बुनियादी, अपरिहार्य सच्चाई को भूल जाते हैं कि चूँकि मनुष्य विवेकशील प्राणी है; ऐन इसीलिए उसे अपने जीवन में पावनता की भी सतत खोज रहती है। आप चाहें तो इसे मनुष्य की मजबूरी कहें और चाहें तो मजबूती कि वह अपने सहज रूप में न प्रेम की उपेक्षा कर सकता है, न श्रम की। न बुद्धि विवेक से पल्ला झाड़ सकता है और न आध्यात्मिक विस्मय और वेदना से।

धर्मसत्ता मनुष्य की सहज समग्रता में फाँक पैदा करती है। उसका फाउस्टियन पैक्ट मनुष्य को पावनता का बोध देने का दावा करता है–लेकिन विवेक की कीमत पर। पावनता की लालसा उत्पन्न ही होती है विवेकशीलता के कारण–और धर्म पावनता को खड़ा कर देता है विवेक के खिलाफ !

भयानक विडम्बना तो यह है कि धर्मसत्ता के बहुत से आलोचक भी ठीक ऐसा ही करते हैं। धर्मसत्ता की पद्धति पर ही चलते हुए वे भी विवेकशीलता और पावनता की लालसा के बीच असाध्य विरोध की कल्पना कर लेते हैं। इस तरह वे धर्म द्वारा अध्यात्म पर जमाए गए एकाधिकार को पुष्ट करते हैं। आध्यात्मिकता या तो सिरे से

खारिज कर दी जाती है या मान लिया जाता है कि वह सिर्फ 'धार्मिक' लोगों का ही सिरदर्द है। धर्माचार्य ही धर्म के साथ-साथ आध्यात्मिकता के भी एकाधिकारी प्रवक्ता हैं। धर्म और अध्यात्म के बीच फ़र्क़ करने से इनकार करनेवाली विवेकशीलता और क्रान्तिकारिता अततः धर्मसत्ता की ही सहायता करती है—विरोध के सारे तेजस्वी स्वर के बावजूद ! अध्यात्म उपेक्षित हो जाता है; धर्म प्रबलतर बन जाता है।

यह स्थिति सचमुच भयानक विडम्बना की है। कारण यह कि धर्म भले ही ऐतिहासिक वस्तु हो; अध्यात्म भाव मनुष्य के प्रजाति सार (स्पेसि एसेंस) का अंश है। धर्मसत्ता इसी प्रजाति-सार से मनुष्य को विच्छिन्न कर देती है; मनुष्य के लिए स्वयं उसकी सहज मनुष्यता को अजनबी बना देती है; फिर इस अजनबीपन को दूर करने का दावा भी वही धर्मसत्ता करती है। बाहर से, आरोपित ढंग से—फाउस्टियन पैक्ट के जरिए। इस पैक्ट में मनुष्य प्रवेश करता है—अध्यात्म भाव को फिर से पाने के लिए; पावनता का बोध प्राप्त करने के लिए। धर्मसत्ता उससे माँग करती है कि वह विशेष 'डॉग्मा' को भी पावन माने; विशेष समाजसत्ता को भी पावन माने; उस समाजसत्ता द्वारा निर्धारित की गई सामाजिक अस्मिता को भी पावन माने ! इस तरह धर्मसत्ता मनुष्य की सहज आध्यात्मिक पिपासा को तृप्त करने के नाम पर एक विशेष सामाजिक-राजनीतिक सत्तातन्त्र को ही पावन आस्था (!) का विषय बना देती है। सत्तातन्त्र से उलझने का मतलब हो जाता है—स्वयं पावनता से उलझना। किसी धर्माचार्य से सवाल पूछने का मतलब हो जाता है स्वयं मानवीय अस्तित्व की पवित्रता से सवाल पूछना।

जैसे हमारी सहज शारीरिक गतिविधि अर्थसत्ता के द्वारा खरीदने-बेचने योग्य 'वस्तु' में बदल दी जाती है, ठीक वैसे ही हमारी सहज कल्पनाशीलता, हमारी सहज पावनता 'धर्म' में बदल दी जाती है। इस तरह मनुष्य अपनी सत्ता के दोनों बुनियादी तत्त्वों—श्रम और कल्पना—से विच्छन्न कर दिया जाता है। फिर धर्मसत्ता समर्पण के बदले हमें पावनता देने का दावा करती है और अर्थसत्ता श्रम के बदले आजीविका। श्रम और कल्पना से मनुष्य की यह विच्छिन्नता परस्पर सम्बद्ध है; इसीलिए धर्म-सत्ता और समाजसत्ता भी परस्पर सम्बद्ध है। इसीलिए इन दोनों विच्छिन्नताओं को समाप्त करने का प्रयत्न भी परस्पर सम्बद्ध होना चाहिए। दूसरे शब्दों में, धर्मसत्ता से मनुष्य की अध्यात्मसत्ता की मुक्ति का प्रश्न 'रेडिकल' और मुक्तिकामी कल्पना के लिए बुनियादी प्रश्न है—केवल तात्कालिक समस्या नहीं।

जिनके लिए प्रश्न दुनिया को बदलने का था, केवल उसकी व्याख्या करने का नहीं; उन कार्ल मार्क्स से बेहतर कौन कह सकता था मनुष्य की 'आध्यात्मिक प्रकृति' के विकृतीकरण की विडम्बना को :

"...धर्म में मनुष्य की कल्पना, उसके दिलो-दिमाग की स्वतः-स्फूर्त गतिविधि उसकी अपनी नहीं रहती। वह मनुष्य से स्वायत्त हो जाती है। अलग होकर उस पर आरोपित ईश्वरीय या शैतानी गतिविधि का रूप ले लेती है। इसी तरह श्रमिक की गतिविधि उसकी सहज गतिविधि नहीं रहती। वह दूसरे की हो जाती है। आत्मक्षय का

रूप ले लेती है।'' ('इकॉनॉमिक ऐंड फिलॉसफिकल मैन्युस्क्रिप्ट्स' 1844, फॉरेन लैंग्वेजेज पब्लिशिंग हाउस, मॉस्को, 1961, पृ. 73)

सचमुच, धर्मसत्ता मनुष्य की सहज कल्पना, उसकी अध्यात्मसत्ता के आत्मक्षय की परिणति है। इस आत्मक्षय के ही कारण आध्यात्मिक पिपासा तृप्त करने का दावा करनेवाला धर्म केवल सामाजिक सत्तातन्त्र और सामाजिक अस्मिता को पवित्र, तर्कातीत निरूपित करने का माध्यम बनकर रह जाता है।

'आध्यात्मिक' (अंग्रेजी में 'स्प्रिच्युअल') शब्द स्वयं मार्क्स का है। वे स्पष्ट करते हैं : पशु का प्रकृति के साथ आवयविक (ऑर्गेनिक) सम्बन्ध है; उसमें आत्मचेतना नहीं है। मनुष्य भी पशु की ही भाँति प्रकृति का अंश अवश्य है; लेकिन इस अंशभाव की आत्मचेतना उसे पशु से अलग करती है। वह जानता है कि वह प्रकृति का अवयव है—और यह जानना ही प्रकृति के साथ उसके सम्बन्ध को गैर-आवयविक बना देता है। आत्मचेतना सम्पन्न मनुष्य का स्वभाव, मार्क्स के शब्दों में 'आध्यात्मिक, गैर-आवयविक स्वभाव' (स्प्रिच्युअल, इनऑर्गेनिक नेचर') है।

मनुष्य की सत्ता प्रकृति को ज्यों-का-त्यों अपना लेने की बजाय, उसके साथ सिर्फ आवयविक सम्बन्ध बनाए रखने की बजाय प्रकृति के साथ प्रेम और संघर्ष का सम्बन्ध बनाने में फलीभूत होती है। इसी तरह सामाजिक संगठन का उदय होता है—इसी क्रम में मनुष्य की सहज गतिविधियाँ—श्रम और कल्पनाशीलता—उससे विच्छिन्न भी हो जाती हैं। और तब, मार्क्स के शब्दों में :

''मनुष्य की प्रजाति सत्ता (स्पेसि बीइंग) भी उससे छिन जाती है। उसकी प्रकृति और मनुष्य होने के नाते उसकी प्रजाति की विशिष्ट सम्पदा—आध्यात्मिकता—ये दोनों ही उससे छिन जाती हैं। दोनों ही (उसका स्वभाव न रहकर) उसके वैयक्तिक अस्तित्व का साधन मात्र रह जाती हैं। मनुष्य की देह परायी हो जाती है—और ठीक इसी तरह परायी हो जाती है उसकी बाहरी प्रकृति—और उसकी अध्यात्म सत्ता—उसकी मनुष्यसत्ता।' (वही, पृ. 76)

1844 ई. में यह लिख रहे मार्क्स पर 1841 ई. में प्रकाशित, लुडविग फायरबाख़ की पुस्तक 'एसेंस ऑफ क्रिश्चियनिटी' का गहरा प्रभाव था। इस प्रभाव से संवाद करते हुए मार्क्स धर्म और अध्यात्म के बारे में अपना स्वतन्त्र चिन्तन विकसित कर रहे थे। उनका परवर्ती चिन्तन भी प्रमाणित करता है कि धर्म और अध्यात्म के बारे में मार्क्स के सोच का स्वभाव मार्क्सवादी सत्तातन्त्र (या कहें मार्क्सवादी धर्मसत्ता !) के सोच के स्वभाव से बिलकुल जुदा था।

खैर, वह किस्सा फिर कभी !

22 जून, 2003

अध्यात्म का वस्तुकरण और धर्मसत्ता

अमरता के बदले आत्मसत्ता का सौदा; सुरक्षा के बदले विवेक का समर्पण और अस्तित्व में अनिवार्य रूप से गुँथी अनिश्चितता के स्थान पर किसी प्रकार की निश्चितता का आश्वासन—ये हैं उस 'फाउस्टियन पैक्ट' की आकर्षक धाराएँ जो धर्मसत्ता मनुष्य पर आरोपित करती है। जब तक आपके विवेक को यह 'पैक्ट' खटकने न लगे, तब तक आप सचमुच निश्चिन्तता का वहम पाले रख सकते हैं। लेकिन जरा-सा कुनमुनाते ही आपको बता दिया जाता है कि इस 'पैक्ट' में 'कैंसिलेशन का तो प्रावधान ही नहीं है। अमरता की जो लालसा आपको इस पैक्ट तक खींच लाई थी, उसी लालसा ने आपके विवेक को सदा के लिए 'लिम्बो' (ईसाई विश्वास के अनुसार, स्वर्ग और नर्क के बीच की वह जगह जहाँ आत्माएँ ईश्वरीय निर्णय की प्रतीक्षा करती हैं) में डाल दिया है।

कहा जाता है कि धर्म की शरण में मनुष्य भय के कारण जाता है। किसी हद तक बात सही है। मानव समुदायों के विकास के जानकार बताते हैं कि पहले पहल धर्म का उदय भय की भावना से ही हुआ। प्रकृति के विविध रूपों से डरे हुए मनुष्य ने धर्म के माध्यम से प्रकृति की पूजा करना सीखा और भाषा के माध्यम से उसे प्रेम करना। उसे समझने का प्रयत्न करना। आरम्भिक मानव-समुदायों में प्रकृति के साथ मनुष्य के सम्बन्ध के ये दोनों माध्यम—धर्म और भाषा—परस्पर गुँथे हुए ही थे। इन समुदायों के धर्म और इनकी कविता के बीच परस्पर संवाद का ही नहीं, निर्भरता का भी सम्बन्ध था। इस निर्भरता को हम केवल आदिम समुदायों के धार्मिक विश्वासों में ही नहीं ,बल्कि उन धर्म-ग्रन्थों में भी देख सकते हैं—जो कविता भी हैं और जिन्हें धार्मिक विश्वास ईश्वरीय वाणी का दर्जा भी देता है। सच तो यह है कि कोई भी ग्रन्थ किसी समुदाय के विश्वासों के आधार पर ही धर्मग्रन्थ का दर्जा हासिल करता है। उस समुदाय के बाहर के व्यक्ति के लिए; उस धार्मिक विश्वास से अलग खड़े व्यक्ति के लिए वह ग्रन्थ उसकी अपनी आस्था का आधार नहीं होता।

लेकिन धर्म का सम्बन्ध यदि केवल भय से होता तो प्रकृति सम्बन्धी ज्ञान के विकास और विस्तार के साथ-साथ धर्म की ताकत घटनी चाहिए थी। पिछली दो सदियों में तार्किकता और वैज्ञानिकता के विकास के साथ यह ताकत सचमुच घटी थी। लेकिन इक्कीसवीं सदी की शुरुआत के भी दशकों पहले से सारी दुनिया में धर्म की जबर्दस्त वापसी देखी गई। वह भी धर्म के किसी नैतिक या आध्यात्मिक अर्थ के साथ नहीं। आज

धर्म की जिस रूप में वापसी हम देख रहे है; उस रूप का सम्बन्ध हिंसक आक्रामकता और सामाजिक पहचान के रेखांकन से है न कि किन्हीं पवित्र-पावन पिपासाओं और खोजों से। ऐसी पिपासा का सार्वभौम मानवीय पहलू—कहा जाता है कि हर धर्म की बुनियाद है। इसीलिए कहा जाता है कि हर धर्म की बुनियादी शिक्षाएँ एक-सी हैं। हर धर्म मनुष्य की आध्यात्मिक पिपासा को तृप्त करने के साथ उसे नैतिक अनुशासन भी सिखाता है। फिर ऐसा क्यों है कि धर्म का इतिहास घोर हिंसा का भी इतिहास है ?

इसी के साथ यह भी सच है कि धार्मिक कल्पना और धर्म के इतिहास में केवल हिंसा, प्रतिशोध और रक्तशुद्धि का आग्रह भर तो है नहीं। इन चीजों के अलावा भी धर्म में बहुत कुछ है। बहुत पावन, शुभ और श्रेष्ठ। धार्मिक कल्पना केवल आक्रामकता और अतार्किक आस्था तक की सीमित नहीं। गांधीजी, खान अब्दुल गफ्फार खाँ, मार्टिन लूथर किंग और रमण महर्षि जैसी जानी-मानी हस्तियों का ही नहीं, संसार के करोड़ों साधारण धर्मभीरु लोगों का दैनन्दिन जीवन इसी बात का प्रमाण है। इसीलिए बात धर्म के विरुद्ध धर्मयुद्ध छेड़ देने की नहीं, धर्म की सत्ता, उसकी बनावट और मानव जीवन में उसकी भूमिका को समझने की है। उसकी संश्लिष्टता का बोध विकसित करने की है।

ऐसा बोध विकसित किए बिना न तो धर्म की वापसी का रहस्य समझा जा सकता है, न 'धर्म के मर्म' की समीक्षा की जा सकती है और न धर्मसत्ता की।

इस बात पर ध्यान देना चाहिए कि कोई भी धर्म सिर्फ पारलौकिक नहीं होता। हर धर्म एक समग्र जीवनपद्धति होने का दावा करता है। वह केवल 'विश्वास' (डॉग्मा) तक सीमित नहीं होता। 'जीवन-पद्धति' ('वे ऑफ लाइफ') होना हर धर्म का दावा है—केवल हिन्दू धर्म की विशेषता नहीं, जैसा कुछ लोग मानते हैं। धर्म जीवन-पद्धति होने का दावा इसीलिए कर पाता है क्योंकि वह एक समग्र आख्यान है। मनुष्य के निजी और सार्वजनिक जीवन, उसकी आन्तरिक इच्छाओं और सामाजिक जीवन, उसके अनुभव, वैयक्तिक और सामूहिक स्मृति तन्त्र; और समूचे ब्रह्मांड से मनुष्य के रोमांचक सम्बन्ध का समग्र आख्यान। वास्तविकता तो यह है कि धर्म ही अकेला समग्र आख्यान है। 'भय' तो इस आख्यान का बस एक अंश है; एकमात्र आधार नहीं। धर्म द्वारा प्रस्तुत आख्यान में हम अपने इस ब्रह्मांड में होने के विस्मय का तर्क खोज पाते हैं। हमारा होना केवल जैविक संयोग-भर न रहकर किसी विराट् योजना के तर्क का अंग बन जाता है। इस विस्मय का ही नहीं, हमारी वैयक्तिक और सामूहिक स्मृतियों का भी 'अर्थ' स्पष्ट करने का दावा करता है—धर्म का आख्यान। वह हमारे सामाजिक सम्बन्धों को भी व्याख्या का ढाँचा प्रदान करता है। सबसे ज्यादा महत्त्वपूर्ण यह कि हमारे नितान्त निविड़ एकान्त को, हमारी गोपनतम संवेदनाओं और गहनतम भावनाओं को भी हमारे लिए बोधगम्य और व्याख्या के योग्य बनाता है—धर्म ! इस व्याख्या के जरिए हम विश्वास करते हैं कि हमारे 'इस' जीवन का अर्थ 'यहीं' तक सीमित नहीं है। इस 'अर्थ' का विस्तार परलोक, जन्मान्तर या अन्य किसी विधि के जरिए 'यहाँ और अभी' से आगे जाता है। जीवन से परे जीवन है, ईश्वर है। परलोक है। ईश्वर और परलोक न भी हो तो एक तर्केतर,

कालातीत और आस्था से जुड़ी पहचान है जो 'हमारा' धर्म 'हमें' देता है। दूसरे शब्दों में 'धर्म' मनुष्य को उसकी तर्केतर, कालातीत पहचान का आश्वासन देता है। ऐसी पहचान परलोक तक सीमित रह कैसे सकती है ? उसका एक आयाम अनिवार्यतः इहलौकिक है। इसीलिए धर्मसत्ता का फाउस्टियन पैक्ट सम्भव हो पाता है। यह पैक्ट पारलौकिक या कालातीत पहचान के बदले किसी शुद्ध इहलौकिक सत्ता के सामने मानवीय विवेक के समर्पण की माँग करता है। वह सत्ता पुरोहित की हो सकती है; शासक की हो सकती है—और हो सकती है सामाजिक अस्मिता का एकाधिकारी प्रतिनिधित्व करने के दावेदारों की। सत्ता के अधिकारी जैसे भी हों, जिस भी ऐतिहासिक समय में हों—आस्थातन्त्र या अस्मितातन्त्र के सामने मनुष्य के व्यक्ति-विवेक की समर्पण की माँग इन सभी अधिकारियों और दावेदारों की साझी माँग है।

मनुष्य की अस्तित्वगत विडम्बना है कि उसे रहना है ऐसी प्राकृतिक परिघटना के बीच जिसके स्वभाव का समग्र तर्क उसकी समझ के परे है। जाने कोई तर्क है भी या नहीं ? यदि है भी तो जाने स्वयं संसार का 'अध्यक्ष' भी उसे जानता है या नहीं ? जैसा कि नासदीय सूक्त के ऋषि को लगा था—शायद वही 'अध्यक्ष'—संसार का नियन्ता ही इसके तर्क को जानता है—नहीं, शायद वह भी नहीं जानता ! तो, फिर मनुष्य की तो बिसात ही क्या ? कहाँ से, कैसे पाए वह अस्तित्व की समग्रता के तर्क का बोध ? कैसे प्राप्त करे वह कोई विश्वसनीय भविष्य कथन ?—'सामाँ सौ बरस का, पल की खबर नहीं !'—लेकिन जीने के लिए चाहिए—प्रकृति के तर्क की कल्पना। इस अस्तित्व के पीछे कोई कारण है—ऐसा विश्वास करने का आधार। मेरा होना केवल जैविक संयोग का परिणाम नहीं—उसके साथ कोई बृहत्तर, पावन सत्य भी जुड़ा है—ऐसी आस्था का कोई आधार !

पावनता की यह बेचैन खोज—मनुष्य की मनुष्यता की परिभाषा ही है। मार्क्स इसी को मनुष्य के 'गैर-आवयविक, आध्यात्मिक स्वभाव' और उसकी प्रजाति-सत्ता (स्पेसि-बीइंग) की 'विशिष्ट सम्पदा—आध्यात्मिकता—' के रूप में पहचानते हैं। नेहरू इसी के सन्दर्भ में लक्ष्य करते हैं कि 'धर्म मानवीय चेतना की किसी गहरी जरूरत को सन्तुष्ट करता है।'

विडम्बना यह है कि इस गहरी जरूरत—पावनता की इस खोज—को सन्तुष्ट करने की भरपूर (बल्कि भयानक) कीमत मनुष्य से वसूलता है—धर्म ! सुरक्षा और निश्चितता का बोध मनुष्य को यों ही नहीं दे देता धर्म; वह खुद अपनी सत्ता और अपने द्वारा समर्थित लौकिक सत्ता के प्रति पूर्ण समर्पण की भी माँग करता है। धर्म का समग्र आख्यान समर्पण की भी समग्रता ही चाहता है। नितान्त लौकिक सत्ता, सत्ताधारियों के स्वार्थों, प्रतिनिधियों के नितान्त संकीर्ण और अपवित्र दावों के प्रति परम पवित्र और पारलौकिक प्रकार का समर्पण ! लोक-परलोक दोनों साधने का आश्वासन देते-देते धर्म मनुष्य को उसकी मूलभूत मनुष्यता—उसकी आध्यात्मिक सत्ता—से विच्छिन्न करता है। ठीक वैसे ही जैसे समाज की आर्थिक सत्ता मनुष्य को उसकी मनुष्यता के एक और

मूलभूत पहलू—उसकी सहज शारीरिक गतिविधि से विच्छिन्न करती है।

धर्मसत्ता मनुष्य की आध्यात्मिकता को संगठित 'धार्मिकता' में बदल देती है; और अर्थसत्ता उसकी सहज शारीरिक गतिविधि को 'मेहनत' में। अर्थसत्ता श्रम को 'कमोडिटी'—खरीदने-बेचने योग्य वस्तु—माल—में बदल देती है तो धर्मसत्ता अध्यात्म को 'कमोडिटी' बना देती है।

अपनी सहज शारीरिक गतिविधि को अपने आप से विच्छिन्न 'श्रमवस्तु' मानने को विवश मनुष्य की विवशता का ही एक आयाम यह भी है कि उसकी सहज मानसिक गतिविधि, उसकी आध्यात्मिकता भी 'धर्मवस्तु' में बदल गई है। ये दोनों विच्छिन्नताएँ और ये दोनों वस्तुकरण परस्पर सम्बद्ध हैं। श्रम को वस्तु—कमोडिटी—की बजाय फिर से अपनी सहज शारीरिक गतिविधि का दर्जा देने को कटिबद्ध मनुष्य अर्थसत्ता के लिए खतरनाक है। अध्यात्म को 'वस्तु' की बजाय फिर से अपनी प्रजाति-सत्ता के सहज स्वभाव में बदलने को उत्सुक मनुष्य, अपनी सहज मानसिक गतिविधि का दर्जा देने को कटिबद्ध मनुष्य धर्मसत्ता के लिए खतरनाक है। श्रम के वस्तुकरण के विरुद्ध संघर्ष अन्ततः शोषण के विरुद्ध संघर्ष है; ठीक उसी प्रकार अध्यात्म के वस्तुकरण के विरुद्ध संघर्ष शोषण के विरुद्ध संघर्ष है। आखिरकार मानवीय चेतना और अस्तित्व में शारीरिक / मानसिक, श्रमपरक / अध्यात्म-परक के बीच कोई लक्ष्मण-रेखा तो खींची नहीं जा सकती।

और धर्मसत्ता ऐन यही करती है। वह मनुष्य के शरीर और उसकी कल्पना के बीच; उसकी श्रमसत्ता और अध्यात्म सत्ता के बीच लक्ष्मण रेखा ही खींच देती है। श्रम और अध्यात्म के क्षेत्र ऐसे रूपों में कल्पित किए जाते हैं मानो एक की समस्या का दूसरे से कोई सम्बन्ध ही न हो। ऐसा कोई विभाजन—ऐसी कोई लक्ष्मण-रेखा है नहीं—लेकिन फिर भी इसका अस्तित्व सर्वमान्य हो जाए—इसे शोषणपरक सामाजिक संगठन और उसकी समर्थक धर्मसत्ताओं की अद्‌भुत सफलता ही मानना चाहिए। यह धर्मसत्ता की महिमा नहीं तो क्या है कि धर्म के कठोर आलोचकों में से भी बहुतों के लिए श्रम और अध्यात्म के क्षेत्र अलग-अलग ही हैं। श्रम का वस्तुकरण जिनकी चिन्ता के केन्द्र में है; उनमें से भी बहुतों को अध्यात्म के वस्तुकरण और धर्म से अध्यात्म की मुक्ति की चिन्ता करना कभी प्रतिक्रियावाद का प्रमाण लगता है तो कभी वक्त की बर्बादी का !

6 जुलाई, 2003

जिज्ञासु मनुष्य का छोटा-सा निजी धर्म

इसी पन्द्रह जुलाई (2003) की शाम। भीष्मजी को याद करने के लिए प्रगतिशील लेखक संघ के आयोजन में जुटे उनके मित्र, प्रशंसक और पाठक। सभी वक्ताओं के पास भीष्मजी की कुछ यादें थीं; सभी के पास उनके लेखन के बारे में कुछ-न-कुछ कहने को था। उनकी ज़गत्प्रसिद्ध विनम्रता; उनकी विचारधारात्मक प्रतिबद्धता, उनके लेखन और जीवन दोनों ही की पारदर्शिता का कोई-न-कोई संस्मरण; कोई-न-कोई उदाहरण सभी के पास था।

मैं स्वयं भीष्मजी को निकट से जानने का कोई दावा नहीं कर सकता। हालाँकि उनका बड़प्पन हर मुलाकात में यह भाव मन में जरूर पैदा करता था मानो मैं भी उनके मित्रों में से ही एक होऊँ। 1982 में प्रलेस के राष्ट्रीय सम्मेलन के लिए जयपुर जा रहे थे। अपना सामान भीष्मजी ने स्वयं ही उठाया—सर्दी की रात, भारी बिस्तरबन्द। लेकिन हममें से किसी को भी उन्होंने मौका नहीं दिया कि उनका सामान उठाने में मदद कर सकें। अपने जाने-पहचाने विनम्र और दृढ़ अन्दाज में उनका कहा वाक्य आज तक ज्यों-का-त्यों याद है—"अपना बोझ तो आप ही उठाना चाहिए, साथी।"

जो व्यक्ति अपना बोझ आप उठाने का मूलमन्त्र जानता है, वह अपने आग्रहों और अनुभवों के बोझ को 'छोटे-से, निजी धर्म' में बदलने की हिकमत भी सीख जाता है। इस हिकमत को नाम भी वह अपने 'छोटे-से, निजी' नाम-कोश में से खोजकर दे देता है—रचना, प्रेम, उसूल या अपना सच ! ऐसे सच की कोमल, करुण दीप्ति अपनी विनम्रता के ही सहारे बड़े-बड़े झंझावातों में भी टिकी रहती है। अपनी थरथराहट से दूसरों के मनों पर अमिट रेखाएँ उकेरती हुई। इस दीप्ति की थरथराहट को, उसकी ऊष्मा को महसूसने के लिए भीष्मजी का मित्र-परिचित होना आवश्यक नहीं, उनका पाठक होना काफी है। लेकिन यदि आप उन्हें उनके लेखन के अलावा भी जानते रहे हों तो एक और रोमांचक सत्य को आप अपने आस-पास गूँजता सुन सकेंगे। वह यह कि अनेक लेखकों, कलाकारों को याद करते हुए कहना पड़ता है, "भाई, आदमी जैसा भी रहा हो, लेखक (या कलाकार) बहुत बड़ा था।" भीष्मजी जितने बड़े लेखक थे, उससे बड़े आदमी थे, और जितने बड़े आदमी थे उससे बड़े लेखक। अपने जीवन में, और लेखन में वे लगातार इंसानियत की साधना करते रहे—अनायास, नामालूम और सहज ढंग से। इस साधना के कुछ मार्मिक नक्श उनकी आत्मकथा (या कहें, यादों के संकलन) 'आज के अतीत'

(राजकमल प्रकाशन) में दर्ज हैं।

पन्द्रह जुलाई की उस शाम, नामवरजी ने अपने अध्यक्षीय भाषण में 'आज के अतीत' के बारहवें अध्याय का जिक्र बार-बार किया। इस अध्याय का एक वाक्य उन्हें कई बार याद आया–"वक्त बीतने पर शायद प्रत्येक व्यक्ति अपने लिए एक छोटा-सा, निजी 'धर्म' गढ़ लेता है।"–और इस 'निजी धर्म' की चर्चा नामवरजी आदर-सम्मान के साथ कर रहे थे।

कार्यक्रम के तुरन्त बाद मित्र अशोक महेश्वरी से निवेदन किया कि 'आज के अतीत' की प्रति कल ही भिजवा दें। उन्होंने किताब भिजवा दी और मैं सारी रात अपने प्रिय उपन्यासकार के अतीतों के सहारे अपने भी अतीतों के सुफों (छोटे, लेकिन हवादार कमरे) और सफों में आता-जाता रहा। इस आवा-जाही में बार-बार याद आई–एलेग्जेंडर फॉन हॅम्बोल्ट (1769-1859) की। उन्नीसवीं सदी के मध्य में प्रकाशित उनकी पुस्तक 'कॉस्मॉस' की। हॅम्बोल्ट की रुचियाँ बहुत विस्तृत थीं, और उतना ही व्यापक था उनका अध्ययन, भ्रमण और चिन्तन। उनका मुख्य सरोकार सारे 'कॉस्मॉस' में अन्तर्निहित एकसूत्रता, विविधताओं और विरोधों के अन्तर्सम्बन्धों का बोध प्राप्त करने से था। ज्ञान साधना और जीवन-क्रम में हॅम्बोल्ट परखना चाहते थे–मनुष्य के बोध और उसकी संवेदना के परस्पर सम्बन्धों को, जीवन के 'निजी' और 'सार्वजनिक' के परस्पर रिश्तों को। उनके लिए भी ज्ञान और जीवन, चिन्तन और व्यवहार दो अलग-अलग देशों के अजनबी नागरिक नहीं, घर के किसी सुफे में खुलकर बतियाते परिजन थे। जिज्ञासा और विश्वास के सहारे एक-दूसरे से बातचीत करते घर के सदस्य।

'कॉस्मॉस' के दूसरे खंड में हॅम्बोल्ट लिखते हैं : "आधुनिक युग में जिज्ञासा-वृत्ति का अभूतपूर्व विकास हुआ है। इस विकास का सबसे बड़ा कारण है–सर्जनात्मक कल्पना का विस्तार। सर्जनात्मक कल्पना का यह विस्तार हमें दीखता है–साहित्य और कला के जरिए। वैज्ञानिक निरीक्षणों के नए-नए उपकरणों के जरिए। नई-नई जगहों, प्राकृतिक परिघटनाओं, प्रजातियों की नित-नई हो रही खोजों के जरिए। ये खोजें कल्पना को समृद्ध करती हैं; समृद्ध कल्पना और नई खोजों को प्रेरित करती है–और इस तरह जिज्ञासा–मनुष्य मात्र को अपनी लपेट में लेती जा रही है।"

हॅम्बोल्ट की उपरोक्त बातें पढ़-समझकर मन में कौंधा था कि क्योंकर धर्मसत्ताएँ, राजसत्ताएँ और अस्मितावादी विचारधाराएँ जिज्ञासा तथा सर्जनात्मक कल्पना पर शक करती हैं। क्योंकर कवियों को धर्मगुरुओं में और कविता को धर्मशास्त्रों में बदलने के प्रोजेक्ट चलते हैं। इसीलिए ताकि 'अपने लोगों' को जिज्ञासा और सर्जनात्मक कल्पना की महामारी (!) से बचाया जा सके। उन्हें खुद सोचने की 'तकलीफ' (!) से बचाकर गुलामी के आनन्द (!) का आदी बनाया जा सके।

लेकिन सर्जनात्मक कल्पना तो मनुष्य की पहचान ही है। इस पहचान का सबसे आत्मीय परिचय मनुष्य अपने सबसे निविड़ एकान्त में ही पाता है। इसी एकान्त में वह 'कॉस्मॉस' (ब्रह्मांड) के साथ अपने सम्बन्ध के विस्मय और उल्लास को सँजोता है–और

आनेवाली पीढ़ियों के लिए कल्पना की जमीन पर सम्भावना के बीज बोता है। विस्मय, उल्लास और भय भी—ब्रह्माण्ड के साथ, समाज के साथ मनुष्य के सम्बन्ध के अनिवार्य पहलू हैं। इस सम्बन्ध की परख, इसका बोध, इसकी अनेकानेक परतों का अनुसन्धान—सबसे ज्यादा प्रामाणिक और आत्मीय ढंग से कहाँ होता है ? किस खास गतिविधि में मनुष्य अपने पूरेपन को पूरमपूर धारण करता है ? निस्सन्देह—साहित्य और कला में। जिस अध्यात्म का संगठित धर्म केवल दावा करता है, और जिसके बदले में वह मनुष्य को डरावने 'फाउस्टियन पैक्ट' में जकड़ता है—उस अध्यात्म को जिज्ञासु मनुष्य साहित्य और कला में सम्भव करता आया है। उसकी साधना करता आया है।

कई दिनों से ये बातें मन में आती रही हैं। उस रात 'आज के अतीत' से गुजरते हुए ये बातें फिर से मन में आनी ही थीं। एलेग्जेंडर फॉन हॅम्बोल्ट और उनकी 'कॉस्मॉस' की याद आनी ही थी। बड़े मितभाषी, लगभग दबे-दबे लहजे में भीष्मजी अपने 'आज के अतीत' से पाठक को गुजारते हैं। उनका गद्य धीमी-धीमी, दोस्ताना रोशनी में चीजों को आलोकित करता चलता है—और इसी आलोक में चलते-चलते हम पहुँचते हैं, बारहवें अध्याय तक; जहाँ हम इस संवेदनशील, जिज्ञासु मनुष्य के छोटे-से, निजी धर्म का परिचय पाते हैं :

"वक्त बीतने पर शायद प्रत्येक व्यक्ति अपने लिए एक छोटा-सा, निजी 'धर्म' गढ़ लेता है। यह 'धर्म' उन गिने-चुने छन्दों, मन्त्रों, दोहे-चौपाइयों आदि का समूह होता है, जिन्हें वह आजीवन सँजोता रहा है, इसमें कभी कोई ऋचा, कभी कोई श्लोक, कभी कोई दोहा, शे'र जुड़ते रहते हैं, जिन्हें व्यक्ति यहाँ-वहाँ से बटोरता रहता है। यह छोटा-सा संग्रह उसका निजी कोश होता है।" (पृ. 287)

भीष्मजी के इस छोटे-से, निजी कोश में वेद के मन्त्र हैं, गीता का एक श्लोक है, भर्तृहरि की उक्तियाँ हैं, कबीर और सूरदास के पद हैं, पंजाबी की लोकोक्तियाँ हैं, इकबाल और शेक्सपियर के उद्धरण हैं। और उनके अनुसार, "इस संग्रह में गायत्री मन्त्र का स्थान सबसे ऊपर है। इसलिए नहीं कि यह मन्त्र महिमामंडित है, इसलिए कि इसकी परिकल्पना अद्भुत है। विराट के परिप्रेक्ष्य में रचे गए इस मन्त्र में केवल एक ही चीज की माँग की गई है, 'हमें रोशनी दो', जिस दैवी आलोक का हम ध्यान करते हैं वह हमारी बुद्धियों को उद्भाषित करे। यह, मेरी नजर में, विलक्षण माँग है। इस मन्त्र के रचयिता ने बुद्धि के प्रकाश को मानव जाति के लिए सबसे अधिक मूल्यवान् मानते हुए ही इसकी अभ्यर्थना की होगी। और इससे अधिक मूल्यवान् है भी क्या ?" (पृ. 288)

ध्यान देने की बात है कि जिज्ञासु मनुष्य के निजी धर्म-कोश में केवल तथाकथित धार्मिक वचन नहीं है। वस्तुतः वह तो सर्जनात्मक कल्पना की विराटता और विलक्षणता का कोश है। इसीलिए उसमें पंजाबी लोकोक्तियाँ है, इकबाल और शेक्सपियर हैं। जो 'धार्मिक' कहे जानेवाले वचन हैं, वे भी असल में मनुष्य की सर्जनात्मक कल्पना और उसकी आकांक्षाओं के ही वचन हैं। ऐसे वचन जब संगठित धर्म के तन्त्र और उसकी सत्ता के प्रतीक मात्र बना दिए जाएँ तो फिर वे बस दिखावे और पूजा की वस्तु बनकर

रह जाते हैं। इससे भी बदतर यह कि फिर ऐसे वचन मानव मात्र की ओर से नहीं, किसी राष्ट्र, जाति या अस्मिता विशेष की ओर से कहे गए मान लिए जाते हैं। तब ऐसे वचन बुद्धि के प्रकाश की अभ्यर्थना की बजाय 'हमारी' ललकार और हुँकार में; 'धर्मानुयायियों' की संकीर्ण पहचान में बदल दिए जाते हैं। ऐसे वचनों की रोमांचक आध्यात्मिकता पर धर्म के फाउस्टियन पैक्ट की आक्रामकता हावी हो जाती है। और तब, पुनः भीष्मजी के ही शब्दों में, "संस्थागत धर्म में ज्यों-ज्यों अनुयायियों की संख्या बढ़ती है, उसी अनुपात में वह सत्तालोलुप होने लगता है। विरोध करनेवालों के विरुद्ध उसमें लामबन्दी होने लगती है, सत्तालोलुप धार्मिक संगठन और सत्तालोलुप राजनीति में गठजोड़ होने लगता है। इस तरह संस्थागत धर्म की भूमिका, अपने चरम रूप में मानवता विरोधी होने लगती है, यह अकारण नहीं कि ऐसे धार्मिक संगठन उन तानाशाहों के गुण गाते हैं, जिन्होंने भारी संख्या में नरसंहार किए।" (पृ. 292)

ऐसे धार्मिक संगठन मनुष्य की जिस मूल पिपासा का दोहन करते हैं, साहित्य और भाषा उसी पिपासा को तृप्त करते हैं। कहीं ज्यादा गहरे और प्रामाणिक ढंग से। जिस अध्यात्म-भाव को धर्मसत्ता अपनी डरावनी तानाशाही में बदल देती है; साहित्य और कला में वही अध्यात्म-भाव एक छोटे-से, निजी धर्म का आधार बन जाता है। कलाकार या लेखक के लिए ही नहीं, पाठक या भावक के लिए भी। जरूरत इस बात की है कि हम सर्जनात्मक कल्पना को बचाए रखें। जिन उपक्रमों ने सर्जनात्मक कल्पना को आतंकित करने की ठान रखी है, उन उपक्रमों की वास्तविक रीति-नीति को पहचान सकें।

यह जरूरत दिनोंदिन बढ़ती जा रही है। आज जबकि संगठित, संस्थाबद्ध धर्म हमारे भीतर-बाहर, चारों तरफ धूमधाम से 'वापस' आ रहा है; आज जबकि अच्छे-खासे कवियों को धर्मगुरु—धर्मप्रवर्तक में बदलने की साजिशें चल रही हैं, तब क्या मनुष्य के 'निजी धर्म'; उसके सहजात अध्यात्म भाव के फिर से रेखांकन की जरूरत नहीं है ? आज अब दिलो-दानिश दोनों हाशिए पर पहुँचते जा रहे हैं; सर्जनात्मक कल्पना का पुनर्वास क्या फिर से जरूरी नहीं है ? क्या ऐसे पुनर्वास के लिए बहुत-सी चीजों पर पुनर्विचार जरूरी नहीं है ? ऐसी चीजों समेत जिन्हें हमने अपनी आस्था का दर्जा दे दिया है ?

साहित्य और कला में अभिव्यक्त सर्जनात्मक कल्पना केवल यथार्थ का बोध नहीं कराती। वह अपने तथा अन्यों के अनुभवों, ऐसे अनुभवों की विराट परम्परा के अर्थ-बोध का साँचा भी बनाती है। ये अनुभव रोजमर्रा के जीवन के भी होते हैं, बहुत दूर के फलक को स्वयं में समेटते सपनों के भी और तरह-तरह के जुड़ाव की विविध परतों के भी। इस जुड़ाव का मूल ही है—अस्तित्व से जुड़ाव का रोमांचक बोध। इस अनन्त ब्रह्मांड में अपनी एक जगह होने, अपनी एक भूमिका होने का रोंगटे खड़े कर देनेवाला बोध। इस भूमिका के प्रति हर पल सचेत कोई मनुष्य नहीं होता, फिर भी यही भूमिका मनुष्य के जीवन को अर्थ देती है। इसी भूमिका के कारण, प्रकृति के साथ मनुष्य का सम्बन्ध, प्रकृति के साथ पशु के सम्बन्ध से थोड़ा अलग है। मार्क्स के शब्दों में यह सम्बन्ध 'गैर-आवयविक, और आध्यात्मिक सम्बन्ध' (इनऑर्गेनिक, स्प्रिच्युअल रिलेशनशिप) है।

और अन्त में; 'आज के अतीत' का बारहवाँ अध्याय भीष्म साहनी नामक जिज्ञासु मनुष्य के 'निजी धर्म' का परिचय देनेवाला अध्याय है। यह संयोग ही है—लेकिन कितना विलक्षण संयोग कि भगवत्‌गीता के बारहवें अध्याय को 'भक्तियोग' कहा गया है। और यह तो ऐतिहासिक तथ्य है कि भारतीय इतिहास में संगठित धर्म और उसकी सत्ता को भक्ति के दर्शन और काव्य ने जबर्दस्त चुनौती दी थी। धर्म-सत्ता को सर्जनात्मक कल्पना की ओर से चुनौती !

20 जुलाई, 2003

श्रम, प्रेम और अध्यात्म : कबीर की साधना

इक्कीसवीं सदी में कोई रचनाकार यदि अपने 'छोटे-से, निजी धर्म' की कल्पना करे, और उस कल्पना का आधार अपनी तथा दूसरों की रचनात्मकता में खोजे तो इस बात की सम्भावना कम है कि उसे धर्मगुरु या नए धर्म का संस्थापक बता दिया जाए। हालाँकि जैसा धर्म-प्रेम इन दिनों सब तरफ उमड़ चला है, और ऐसे धर्म-प्रेम को जैसे ज्ञानी समर्थक प्राप्त हैं, उसे देखते हुए इस सम्भावना को पूरी तरह खारिज भी नहीं किया जा सकता। कौन जाने, कब कोई धर्म-प्रेमी प्रशंसक उनकी आत्मकथा के बारहवें अध्याय के आधार पर भीष्मजी को भी नए धर्म के प्रवर्तन का श्रेय दे डाले !

ऐसा होता रहा है। हमारे ही देश में नहीं, और देशों में भी। अस्तित्व मात्र के प्रति विस्मय, जिज्ञासा और कृतज्ञता का बोध मनुष्य का स्वभाव है। उसकी आध्यात्मिक प्रकृति है; इस प्रकृति की सबसे सघन और मार्मिक अभिव्यक्ति होती है सर्जनात्मकता में। साहित्य और कला में। साहित्य और कला में अपने आपको, अपने 'आत्म' के स्वरूप को खोजता रचनाकार जिरह भी करता है। अपने आप से भी, 'अन्य' से भी, समाज से भी, इतिहास से भी और प्रकृति-परिवेश से भी। ऐसी समग्रता का सबसे ज्यादा प्रामाणिक और आत्मीय अनुसन्धान साहित्य और कला में ही तो होता है। साहित्य और कला में संवेदनशील मनुष्य सच्चे अध्यात्म की साधना करता है—रचनाकार के रूप में भी और पाठक / श्रोता / दर्शक के रूप में भी। ऐसी साधना धर्मसत्ता द्वारा किए जानेवाले दावों का विकल्प प्रस्तुत करती है। जिस पिपासा की तृप्ति के बदले में धर्मसत्ता अन्ध-समर्पण की माँग करती है, सर्जनात्मकता उस पिपासा को जिज्ञासा से जोड़ देती है। साहित्य और कला में मनुष्य की आध्यात्मिक खोज का सम्बन्ध अन्ध-समर्पण की बजाय जिज्ञासा और संवाद से जुड़ जाता है।

यह सम्बन्ध न जुड़ने पाए—इसीलिए धर्मसत्ता अध्यात्म पर एकाधिकार का दावा करती है। धर्मसत्ता के बहुत से विरोधी भी अध्यात्म पर एकाधिकार सम्बन्धी धर्मसत्ता के दावे का समर्थन ही करते हैं। धर्म और अध्यात्म को एक ही मानकर; ऐसे लोगों में से कुछ धर्म को अध्यात्म का एकमात्र प्रवक्ता मान लेते हैं, तो कुछ धर्म के साथ अध्यात्म का भी खंडन करने लगते हैं। ऐसी स्थिति का ही एक परिणाम यह भी होता है कि जिन कवियों-रचनाकारों ने मनुष्य के भीतर-बाहर दोनों की साधना की है; श्रम और अध्यात्म दोनों के वस्तुकरण से टक्कर ली है; समाज की आलोचना के साथ-साथ धर्मसत्ता का

विकल्प खोजने की भी कोशिश की है; उनकी खोज के सबसे प्रेरणाप्रद पहलू की उपेक्षा की जाए। या तो केवल सामाजिक आलोचना को काम की चीज माना जाए; या फिर मानवीय समग्रता के साधन को धर्मसत्ता की चाकरी में लगा दिया जाए। उसे एक और धर्मगुरु या धर्मप्रवर्तक कह दिया जाए।

हमारे देश के निर्गुणपन्थी कवि उपरोक्त विडम्बना के सबसे ज्यादा शिकार हुए हैं। निस्सन्देह कई कवियों ने स्वेच्छा से, अपने चुनाव से धर्मगुरु की भूमिका भी अपनाई। लेकिन धर्म और अध्यात्म को पर्यायवाची मान लिए जाने के कारण बहुत से ऐसे कवि भी धर्मगुरु मान लिए गए, जिन्होंने केवल प्रचलित धर्मों की नहीं, धर्ममात्र की आलोचना की। धर्मसत्ता के बरक्स मनुष्य की आत्मसत्ता, अध्यात्मसत्ता की प्रतिष्ठा करने की कोशिश की। धर्मसत्ता के आलोचक स्वयं धर्मगुरु कह दिए गए, उनके आसपास ही धर्मसत्ता की एक और संरचना रच दी गई। इस तरह धर्मगुरु बनाए गए कवियों में सबसे विडम्बनापूर्ण, चिन्ताजनक और शिक्षाप्रद उदाहरण है—कबीर का।

कबीर ने स्वयं को न कभी धर्मगुरु कहा, न अवतार। वे स्वयं को न पैगम्बर के रूप में देखते हैं, न किसी नए धर्म या पन्थ के संस्थापक के रूप में। उनके नाम से पन्थ का प्रवर्तन किया धनी धर्मदास ने—कबीर के निधन के कम-से-कम सौ बरस बाद। आधुनिक खोजियों ने कबीर की बातों और पन्थ के दावों को गड्ड-मड्ड कर डाला। ये खोजी कल्पना ही नहीं कर सकते थे कि आधुनिक युग से पहले भी धर्मसत्ता की ऐसी आलोचना सम्भव थी, जिसका लक्ष्य किसी नए धर्म या पन्थ की स्थापना करने की बजाय धर्म मात्र के विकल्प की खोज करना हो। ऐसे दावेदारों को छोड़ यदि आप स्वयं कबीर की कविता से गुजर जाएँ तो पाएँगे कि 'अनभौ साँचा' (आध्यात्मिक अनुभव) के प्रसंग में कबीर के सामने बुनियादी सवाल यह है कि धर्म के बाहर, धर्मसत्ता के 'फाउस्टियन पैक्ट' के बाहर मनुष्य अपनी आत्मसत्ता, अध्यात्मसत्ता की कोई कल्पना कर सकता है या नहीं ? इस या उस धर्म का नहीं, धर्मसत्ता मात्र का नकार सम्भव है या नहीं ?

और कबीर की साधना उपरोक्त प्रश्न का एकदम स्पष्ट, दो-टूक उत्तर देती है : हाँ, ऐसी कल्पना की जा सकती है, ऐसा नकार सम्भव है।

कबीर अपने 'अनभौ साँचा' (अध्यात्मिक अनुभव) और 'अनभैबानी' (सामाजिक आलोचना) को कहने के लिए उस वक्त प्रचलित धार्मिक शब्दावली का उपयोग जमकर करते हैं। इस उपयोग का लक्ष्य क्या है ? साथ ही, यह भी जगजाहिर है कि कबीर की साधना हिन्दू धर्म, इस्लाम, नाथपन्थ, लोकाचार—सबसे न्यारी थी। तो क्या उनका न्यारा रास्ता एक और धर्म या पन्थ की स्थापना का रास्ता था ? क्या वे सचमुच 'निराला पन्थ निकालने का हौसला' कर रहे थे—जैसा कि आ. रामचन्द्र शुक्ल ने क्षुब्ध भाव से कहा ? क्या वे सचमुच 'धर्मगुरु' थे जैसा कि आ. हजारीप्रसाद द्विवेदी मानते थे ?

उपरोक्त प्रश्नों का उत्तर पाने पर सही तरीका यह है कि अपने 'प्रोजेक्ट्स' कबीर पर थोपने की बजाय हम उनकी कविता की उँगली पकड़कर चलें। अपने मनमानेपन से कबीर को हाँकने के 'साहस' की बजाय उनकी वाणी पर ध्यान देने की विनम्रता जुटाएँ।

इस विनम्रता के साथ जिज्ञासा करें कि 'धर्मगुरु' कहे गए कवि / दार्शनिक कबीर की अपनी रचना में 'धर्म' शब्द कितनी बार आता है ?

श्यामसुन्दरदास द्वारा सम्पादित 'ग्रन्थावली' के आधार पर उपरोक्त प्रश्न का उत्तर है : कुल बीस बार। इसमें 'धर्म' का समशील शब्द 'दीन' भी शामिल है। इस बीस बार में से चार बार तो शब्द है—धर्मराज--मृत्यु के देवता। एक जगह 'धर्म' से आशय है वर्ण या जाति के साथ जोड़ दिए गए कर्त्तव्य। एक जगह है—देहधारी, जीवमात्र का स्वभाव। और एक जगह है गृहस्थ का कर्त्तव्य। मतलब यह कि जिस अर्थ में इस शब्द को लेते हुए कबीर को धर्म प्रवर्त्तक कहा जाता रहा है, उस संगठित आस्थातन्त्र के पारिभाषिक अर्थ के रूप में 'धर्म' और 'दीन' शब्द कुल मिलाकर सारी ग्रन्थावली में आते हैं—तेरह बार। इनमें से भी एक साखी का एक रूप 'दीन' की जगह 'धणीं' शब्द का प्रयोग करता है। 'धणीं' माने स्वामी। जिस रूप में 'दीन' शब्द है भी, वहाँ भी इसका अर्थ 'दीनो-ईमान' वाला दीन नहीं, 'दीन-दुखी' वाला दीन होने की सम्भावना अधिक है। सो, धर्म / दीन की कुल उपस्थिति रह गई—ग्यारह बार। और इनमें से दस बार 'धर्म' शब्द ठेठ कबीरीय अन्दाज में आया है। धर्मप्राण या दीनदार होने का दावा करनेवालों को छेड़ने छकाने के प्रयोजन से। सारी 'ग्रन्थावली में केवल एक साखी ऐसी है जिसके आधार पर कहनेवाले कह सकते हैं कि कबीर धर्म उपदेश की कुछ चिन्ता कर रहे हैं—और यह साखी प्राचीनतर पांडुलिपि में नहीं मिलती ! डॉ. माता प्रसाद गुप्त ने 'ग्रन्थावली' के अपने पाठ में इस साखी को शामिल किया भी नहीं है।

है न रोचक स्थिति ! कबीर थे धर्मगुरु, और धर्म शब्द का प्रयोग करते थे विडम्बनापरक अर्थ में ! करना चाहते थे नए धर्म का प्रवर्तन और बात करते थे धर्म-उपेदश या धर्म-साधना की नहीं, 'निज ब्रह्म विचार' की। कवि की कविता जो न कहना चाहे, वह उससे कहलवा लेने के लिए; अपने शब्द उसके मुँह में डाल देने के लिए तरह-तरह के दावेदार सदियों से सक्रिय रहे हैं।

अपनी कल्पना की दरिद्रता को कबीर पर आरोपित करके यह मान लिया गया कि उनका लक्ष्य एक और धर्म की स्थापना करना था। धर्म-गुरुओं द्वारा कबीर के नाम से किए गए दावों को ऐसे सुना गया मानो वे कबीर के अपने वचन हों। मान लिया गया कि कबीर की सारी साधना का, सारी अलोचना का लक्ष्य था : नए धर्म या नए पन्थ का प्रवर्तन।

कबीर या किसी के भी द्वारा नए धर्म की स्थापना एक स्थिति है; उनकी कविता को धर्मशास्त्र में बदलकर उनके नाम से धर्म चला देना दूसरी। दोनों के बीच फर्क करना चाहिए। पन्थ चलानेवालों की ऐतिहासिक स्थिति पर निस्सन्देह सहानुभूति के साथ विचार करना चाहिए, लेकिन स्वयं कबीर को धर्मगुरु या पैगम्बर घोषित करने के पहले उनकी कविता पर ध्यान देना चाहिए। स्वयं कबीर के दावों और उन पर कब्जा करने के दावेदारों के दावों के बीच फर्क करना चाहिए।

कबीर की साधना में वेदना की द्वन्द्वात्मकता है। इस द्वन्द्वात्मक वेदना में

सामाजिक-आध्यात्मिक एक-दूसरे के विपरीत न होकर परस्पर समृद्धिकारी पूरक हैं। कबीर की सामाजिक आलोचना का उद्‌गम ही है—यह द्वन्द्वात्मक वेदना। यह वेदना न श्रम से विच्छिन्न है, न प्रेम से और न समाज से। कबीर की साधना की चुनौती ही यह है कि इस तरह की विच्छिन्नता को ही 'सहज' मान लेनेवाले, स्वयं 'सहज' को जटिल साधना में बदल डालनेवाले मानस को बताया जाए :

'सहज सहज सब कोइ कहै, सहज न चीन्है कोय
जिन सहजैं हरिजी मिलें, सहज कहीजै सोय।'

'हरिजी' का मिलना रूपक है उस कौंध का—जिसमें मनुष्य की श्रम-सत्ता और उसकी अध्यात्म-सत्ता से परिभाषित होनेवाली उसकी प्रजाति-सत्ता, मनुष्यता पर आरोपित कर दी गई विच्छिन्नता समाप्त होती दीखती है। मानवीय अस्तित्व में पैदा हो गई दरार पटती दीखती है। इस कौंध में श्रम, प्रेम और अध्यात्म एक संश्लिष्ट, समग्र सत्ता का रूप ले लेते हैं। कबीर की कविता नया धर्म स्थापित करने से कहीं बहुत आगे निकलने का हौसला करती है। धर्म के समग्र आख्यान का समग्र विकल्प खोजने का हौसला। धर्मसत्ता के विरुद्ध आत्मसत्ता की आवाज बुलन्द करने का हौसला। इस हौसले की महिमा ऐसी है कि सिर्फ साधक ही श्रमिक के विभिन्न रूपों को साधना की महिमा नहीं देता, स्वयं साध्य भी, कबीर का हरि, स्वामी, साईं भी स्वयं श्रमिक में रूपान्तरित होता देखता है। साधक स्वयं कुम्हार, धोबी, तेली, नाई बनता है, तो अपने 'स्वामी' को बुनकर और रँगरेज भी बना लेता है।

कबीर की कविता इस तथ्य का रोमांचक प्रमाण देती है कि धर्मसत्ता की मूल समस्या को समझने में वे अपने ही नहीं, हमारे भी वक्त से बहुत आगे थे। वे जानते थे और धर्म प्रेमियों, धर्मवीरों के 'फिरि फिरि डंक मारने' के बावजूद बताते भी थे कि प्रचलित धर्मों की आलोचना का अनिवार्य अर्थ नए धर्म की स्थापना करना नहीं। धर्मसत्ता के आगे सिर झुकाना मनुष्य की शाश्वत नियति नहीं। मनुष्य की सहजात आध्यात्मिक पिपासा और न्यायचेतना को धारण करनेवाली पद्धतियाँ धर्म के सिवाय और भी हो सकती हैं। कबीर की कविता ऐसी ही पद्धति है। भीतर-बाहर, वैयक्तिक-सामाजिक के बीच बँटी दीखनेवाली मनुष्य की समग्रता को साधने की कल्पनाएँ और भी की जा सकती हैं। कबीर की भक्ति ऐसी ही कल्पना है। अकारण नहीं कि कबीर की कविता में 'धर्म' नहीं 'भावभगति' शब्द की भरमार है। और यह भावभगति ही कबीर के 'निज ब्रह्म विचार' की गंगोत्री है। इस भावभगति में दैनिक जीवन, नैतिक सरोकार, सामाजिक चिन्ता और भावुक प्रेम अलग-अलग कोठों में नहीं बैठे हैं। श्रम और अध्यात्म का एक-दूसरे से अनबोला नहीं है। भीतर और बाहर के बीच कुट्टी नहीं है—बल्कि सतत संवाद का 'सबद निरन्तर' है। जीवन का यह गम्भीर सत्य कबीर हमें साफ-साफ बताते हैं—बशर्ते हम कबीर की बात सुनें—उनके दावेदारों की नहीं—''भीतर-बाहर, सबद निरन्तर, मैं इहि विधि कथौं गम्भीरा लो।''

मेहनत और प्रेम पर आधारित जीवन से अलग होने के अर्थ में 'साधना' शब्द

का कबीर के लिए कोई अर्थ नहीं। कोई साधना नहीं है कबीर के पास आपको सिखाने के लिए—सिवाय प्रेम और श्रम पर आधारित जीवनयापन के। सिवाय जिज्ञासा और विवेक के। सिवाय सामाजिक और आध्यात्मिक अनुभव की द्वन्द्वात्मक वेदना को साधने के। कबीर मनुष्य मात्र के लिए प्रामणिक, समग्र और सम्मानपूर्ण जीवन के खोजी हैं—पुरानी या नई धर्मसत्ता के संस्थापक नहीं !

3 अगस्त, 2003

कबीर की साधना : निज ब्रह्म विचार

कबीर की विडम्बना यह रही है कि उनके कुछ बरस बाद उनके नाम पर पन्थ चल पड़ा। उस समय पन्थ चलानेवालों की मजबूरी समझ भी आती है; हालाँकि स्वयं कबीर इसीलिए कबीर बने कि वे ऐसी मजबूरी के खिलाफ मजबूती से खड़े थे। लेकिन उन आधुनिक अध्ययनकर्ताओं को क्या कहें जो यह कल्पना ही नहीं कर सके कि धर्म के हर आलोचक का लक्ष्य स्वयं एक और नया धर्म चला देना नहीं होता। अपनी कल्पना की दरिद्रता को कबीर पर आरोपित करके यह मान लिया गया कि उनका लक्ष्य भी एक और धर्म की स्थापना करना था। कबीर-जैसे कल्पनाशील और तेजस्वी विचारक-कवि की कविता के वचन सुनने की बजाय धर्मगुरुओं के दावों को ऐसे सुना गया, मानो वे स्वयं कबीर के ही दावे हों। मान लिया गया कि कबीर की सारी साधना, सारी आलोचना का लक्ष्य था : एक और धर्म या पन्थ का प्रवर्तन।

कबीर द्वारा धर्म या पन्थ का प्रवर्तन एक स्थिति है, उनकी कविता को धर्मशास्त्र का रूप देकर उनके नाम से धर्म चला देना दूसरी। दोनों स्थितियों के बीच फर्क करना चाहिए। पन्थ चलानेवालों की ऐतिहासिक स्थिति पर सहानुभूति के साथ विचार करना--यह एक बात है। स्वयं कबीर को धर्मगुरु या पैगम्बर घोषित कर देना--दूसरी। इन दोनों बातों के बीच भी फर्क करना चाहिए। स्वयं कबीर के दावों और उन पर कब्जा करने को उत्सुक किसिम-किसिम के दावेदारों के दावों के बीच फर्क करना चाहिए।

ऐसे दावेदारों को उनके हाल पर छोड़ यदि आप स्वयं कबीर की कविता से गुजरें तो पाएँगे कि 'अनभौ साँचा' (आध्यात्मिक अनुभव) के प्रसंग में कबीर के सामने बुनियादी सवाल यह है कि धर्म के 'फाउस्टियन पैक्ट' से बाहर निकलना सम्भव है या नहीं ? धर्मसत्ता की उपेक्षा कर मनुष्य अपनी आत्मसत्ता, अध्यात्मसत्ता को पहचानने का कोई मार्ग खोज सकता है या नहीं ? इस या उस धर्म की आलोचना तक सीमित रहने की बजाय धर्मसत्ता मात्र की जकड़ से बाहर निकलने का कोई रास्ता है या नहीं ?

और कबीर की कविता, उनकी साधना उपरोक्त प्रश्न का एकदम साफ, दो टूक उत्तर देती है : हाँ। ऐसी कल्पना सम्भव है। ऐसा मार्ग खोजा जा सकता है। ऐसे रास्ते चलना मुमकिन है जो आपको एक-से दूसरे धर्म की गिरफ्त में नहीं, बल्कि धर्मसत्ता मात्र से मुक्ति के सार्थक, सर्जनात्मक खुलेपन में ले जाए। कबीर ऐसे ही मार्ग के खोजी हैं; ऐसे ही रास्ते के राहगीर हैं; नए धर्म के प्रवर्तक नहीं। उनकी साधना का लक्ष्य, उनका

'राम' किसी धर्मसत्ता के प्रतीकों और प्रतिष्ठानों में नहीं पाया जाता। मिलने को वह पल-भर में मिल जाता है, क्योंकि वह अस्तित्व मात्र में व्याप्त है; कण-कण; साँस-साँस में उसकी रोमांचक उपस्थिति है। जरूरत सही रास्ते की पहचान, सच्ची खोज की है। बने-बनाए रास्तों की हद-से पार जाने की जरूरत तो है ही; बेहद के नाम पर बना दिए गए; बनाए जा रहे रास्तों की मुश्किलें समझने की भी जरूरत है। इस तरह की खोज करनेवाला मनुष्य ही अगाध सार्थकता प्राप्त करता है। कबीर के ही शब्दों में वह जान जाता है :

हद चले सो मानवा बेहद चले साध
हद बेहद दोऊ तजे ताकर मता अगाध।

अध्यात्म पर धर्म के एकाधिकार को चुनौती देना अगाध 'मत' (विवेक) के साथ-साथ अगाध साहस की भी माँग करता है। प्रेरणाप्रद तथ्य यह है कि ऐसा साहस करनेवाले कबीर इस राह के न पहले राही हैं, न आखिरी ! दुनिया का इतिहास ऐसे अनेक साधकों के संघर्ष का गवाह है, जिन्होंने अपने-अपने वक्त और अपने-अपने सन्दर्भ में मनुष्य की अध्याम-सत्ता को धर्मसत्ता के फाउस्टियन पैक्ट से मुक्त करने के प्रयत्न किए। अपने-अपने ढंग से कहने की कोशिश की यह बुनियादी बात कि 'खोजी होय तो तुरतै मिलिहौं' पल-भर की तलाश में / कहै कबीर सुनो भई साधो, सब स्वांसों की स्वांस में।'

कबीर और संसार-भर के इतिहास-भूगोल में फैले उनके सरीखे दूसरे मनीषी अपनी सर्जनात्मकता में उस विच्छिन्नता से टकराने का हौसला करते हैं, जिसे मनुष्य के 'सहज-बोध' (कॉमनसेंस) का हिस्सा बना दिया गया है। मनुष्य की शारीरिक और मानसिक गतिविधि की विच्छिन्नता, मनुष्य की सामाजिक सत्ता की उसकी प्राकृतिक सत्ता से विच्छिन्नता। ऐसे लोगों की अन्तर्दृष्टि और साधना शब्द के एकदम सटीक अर्थ में मूलगामी (रेडिकल) है। वे समस्या की जड़ तक पहुँचते हैं। वे मनुष्य पर अर्थसत्ता और धर्मसत्ता द्वारा आरोपित 'सहज' बोध (कॉमन-सेंस) से टकराते हैं। वे श्रम, प्रेम और अध्यात्म की 'कॉमनसेंसिकल' असम्बद्धता को सिरे से नकारते हुए मनुष्य के वास्तविक 'सहज-स्वभाव' को फिर से पाने की साधना करते हैं। मनुष्य की आत्मा में श्रम, प्रेम और अध्यात्म को फिर से परस्पर सम्बद्ध करना, इन्हें एक-दूसरे से काट देनेवाली धर्मसत्ता-समाजसत्ता से जिरह करना—यही है कबीर की सहज साधना। ऐसी साधना के जरिए—कमाए गए सहज सवभाव से ही मनुष्य को एक बार फिर अपने अस्तित्व की संश्लिष्ट समग्रता का बोध होता है—'सहज सुभाइ मिलै राम राइ।'

कबीर की साधना मनुष्य की परिभाषा को फिर से पाने की साधना है। उनकी सहज-समाधि किसी धर्म-विशेष द्वारा स्वीकृत 'तकनीक' नहीं, स्वयं को फिर से परिभाषित करते मानवीय चित्त की सहज भाव-दशा है। उनकी साधना मानवीय कल्पना पर धर्मसत्ता द्वारा आरोपित 'दैवीय' गतिविधि नहीं, मानवीय कल्पना की सहज, समग्र गतिविधि है। श्रम, प्रेम और अध्यात्म के परस्पर मुखामुखम से परिभाषित होनेवाली मानवीय समग्रता की गतिविधि।

लोग कहते हैं कि कबीर एक नए धर्म की स्थापना के दावेदार थे। स्वयं कबीर की कविता का दावा कुछ और है। उनकी कविता नया धर्म चलाने से कहीं बहुत आगे निकलने का हौसला करती है। धर्मसत्ता मात्र का विकल्प खोजने के मार्ग पर चलने का हौसला। कबीर के दावेदार जो चाहें दावे करें, कबीर का दावा कुछ और है। बहुत ही प्रेरणाप्रद है कबीर का दावा। जिस सहज-समाधि का परिचय वे देते हैं, वह अत्यन्त उत्तेजक और रोमांचक इसलिए है क्योंकि वह केवल कबीर जैसे 'पहुँचे हुए' महात्माओं की समाधि नहीं; हर मनुष्य की सम्भावना है। अपने सहज समग्र आत्मबोध को जीवन में उतारते हुए हर इंसान इस सम्भावना को वास्तविकता में बदल सकता है।

कबीर को समष्टि वृत्ति की उपेक्षा करनेवाले घट-साधक के रूप में देखना निस्सन्देह भ्रामक है। लेकिन इससे भी कहीं अधिक भ्रामक; कबीर की कविता के लिए घातक यह है कि कबीर की कविता ऐसे पढ़ी जाए गोया सामाजिक आलोचना तो काम की चीज है और आध्यात्मिक वेदना फालतू की। गोया वर्णाश्रम की निन्दा करनेवाले कबीर तो क्रान्तिकारी (और इसलिए काम के !) हैं और अपने राम के विरह में तड़पनेवाले कबीर कोरे रहस्यवादी (और इसलिए बेकार !)। कबीर को पढ़ने की उपरोक्त दोनों विधियाँ भ्रामक इसलिए हैं क्योंकि दोनों ही कबीर की द्वन्द्वात्मक वेदना की उपेक्षा करती हैं। यही द्वन्द्वात्मक वेदना तो कबीर की काव्य-संवेदना में फलीभूत होती है। कबीर ही नहीं, उनके पहले-पीछे के बहुत से शब्द-साधकों की काव्यसंवेदना में; अनगिनत अनजाने मनुष्यों की जीवन-संवेदना में। कबीर की यह द्वन्द्वात्मक वेदना और इससे उपजी उनकी काव्यसंवेदना समग्रता में ही पढ़ी जानी चाहिए। इसमें धर्मसत्ता से टकराती अध्यात्म की वेदना भी है और व्यवस्थागत अन्याय से टकराती, हर तरह के जन्मजात अस्मितावाद से लोहा लेती आत्मसत्ता की वेदना भी।

धर्मसत्ता की मूलगामी आलोचना करने के ही कारण कबीर वर्णाश्रम की भी ऐन मूलगामी आलोचना करते हैं। वर्णाश्रम को तर्कसंगत ठहरा सकनेवाले हर महीन तर्क और हर पांडित्य की पूर्ण उपेक्षा करते हुए कबीर केवल पारम्परिक पंडितों के लिए ही असुविधानजक हों—सो बात नहीं। वे मनुष्य का मोल उसकी जन्मजात अस्मिता के आधार पर करनेवाले 'क्रान्तिकारी' पंडितों के लिए भी असुविधाजनक ही हैं। जन्म से ही किसी भी मनुष्य को 'मधिम' (कबीर का अपना शब्द) या सन्दिग्ध माननेवाले हर तर्क की कबीर कठोर आलोचना करते हैं—ऐसे तथाकथित 'तर्कों' की ओर से किए जानेवाले आस्था, पावनता और किसिम-किसिम के दावों की।

बनारस के कबीर हों या उनसे सैकड़ों साल पहले के अरब के अल म' आरी या उनसे सैकड़ों साल बाद के अमेरिका के प्रज्ञाचक्षु ('ब्लाइंड') विलि धर्म-सत्ता से मनुष्य के सहज अध्यात्म को मुक्त करने की साधना सबने की। हर साधना ने अपने-अपने ढंग से 'निज ब्रह्म विचार' के गीत गाए। किसी धर्म के प्रचार का 'गीत' न मान लिया जाए; इसीलिए कबीर ने अपने काव्य के बारे में कहा :

तुम जिन जानौ यह गीत है यह तो निज ब्रह्म विचार।
केवल कह समझाइया आतम साधन सार।

ऐसी आत्म-साधना का स्वाभाविक क्षेत्र है—सर्जनात्मक शब्द का क्षेत्र। कविता का क्षेत्र। इस क्षेत्र में बोए गए बीजों से ही संवेदनशील, जिज्ञासु मनुष्य का 'छोटा-सा निजी धर्म' फलीभूत होता है। अल म' आरी से कबीर तक; कबीर से प्रज्ञाचक्षु विलि तक—और भीष्म साहनी तक !

17 अगस्त, 2003

पल-भर की तलाश में

अध्यात्म पर धर्मसत्ता के एकाधिकारवादी दावों को चुनौती देकर, 'निज ब्रह्म विचार' का हौसला करनेवाले कबीर इस तरह के न पहले व्यक्ति हैं न अन्तिम। हमारा सौभाग्य है कि ऐसे साधक इतिहास के हर दौर में और दुनिया के हर कोने में रहे हैं। ध्यान देने की बात यह है कि अध्यात्म के 'अनभौ साँचा' को व्यक्त करने का जोखिम उठानेवालों में से बहुत से, बल्कि ज्यादातर या तो कवि हैं, या कलाकार या फिर गायक। इस तथ्य का अर्थ समझना चाहिए। अस्तित्व मात्र के प्रति जिज्ञासा और सहज पावनता की जिस आध्यात्मिक पिपासा को बुझाने की बेचैनी में मनुष्य धर्म के 'फाउस्टियन पैक्ट' के फेर में पड़ता है, उसकी तृप्ति के विकल्प उपलब्ध हैं। दूसरे शब्दों में, अध्यात्म पर धर्म का एकाधिकार मानना कतई जरूरी नहीं। पल-भर की जिस तलाश का चुनौतीपूर्ण न्यौता कबीर देते हैं–उस तलाश का रास्ता रचनात्मकता से होकर गुजरता है। बात जहाँ तक अध्यात्म की है, वहाँ तक तो सर्जनात्मकता (कला, साहित्य, संगीत) धर्म का विकल्प भी प्रस्तुत करती है, और धर्म की समीक्षा का आधार भी।

कोई डेढ़ बरस पहले जब इन पंक्तियों के लेखक ने धर्म और अध्यात्म के रिश्तों पर पुनर्विचार का प्रस्ताव किया, तो एक किशोर-बुद्धि प्रौढ़ टिप्पणीकार ने सवाल किया–"धर्म रहित अध्यात्म की मीमांसा कैसे होगी ?" अपनी किशोर-बुद्धि के सुरक्षित राज-पाट से बाहर निकलने का जोखिम यदि उठाएँ तो वे देख सकते हैं कि दुनिया के बहुत से सर्जनात्मक मस्तिष्क ऐसी मीमांसा करने का प्रयत्न करते रहे हैं। बात आध्यात्मिक अनुभव को बहस का विषय बनाने की है ही नहीं। बात दरअसल यह है कि ऐसे अनुभव को 'गूँगे का गुड़' कहनेवाले अपने-अपने ढंग से गूँगेपन को उलाँघने की कोशिश भी करते हैं। जो अनुभव एक धरातल पर सचमुच कहा नहीं जा सकता–उसी को 'कहने' की जिद हम में से कुछ को अलग दिखाती है। 'गूँगे के गुड़' का स्वाद बताने का हौसला ही कबीर को कबीर बनाता है। यह बात और है कि इस तरह बताए गए स्वाद का रस आप कितना ले पाते हैं। यह चुनाव तो आपका ही होगा कि आप धर्म रहित अध्यात्म की मीमांसा करने की चुनौती से टकराएँ या आग उगलते धर्मवीरों के साथ कदमताल करने लगें। आध्यात्मिक अनुभव निस्सन्देह विशिष्ट है, लेकिन अपने अनुभवों को साथी मनुष्यों के साथ साझा करना भी तो मनुष्य का स्वभाव है। सच पूछें तो कौन-सा अनुभव विशिष्ट नहीं है ? कौन-सी गहरी अनुभूति शब्दातीत नहीं लगती ? कौन अपने

प्रेम को ऐन वैसा ही कह पाने का सन्तोष प्राप्त कर पाता है, जैसा उसने महसूस किया ? कौन अपने गहरे क्रोध को भी जस-का-तस कह पाता है ? फिर भी हम सब कहते हैं। जो जितने ज्यादा मार्मिक ढंग से कह सके, उसका कहना उतनी ही दूर तक प्रकाशित होता है। हाँ, यह जरूर है कि सुनने के लिए भी संवेदनशीलता तो चाहिए ही। भड़कीले मुहावरों को ढेले की तरह उछालनेवाली किशोर-बुद्धि यहाँ काम नहीं आती। 'पॉलिटिकली करेक्ट' राजमार्ग पर चलने की आदत भी यहाँ काम नहीं आती। धर्म रहित अध्यात्म की मीमांसा का सवाल धीरज और अनुशासन की माँग करता है। जिनके लिए उठापटक और अखाड़ेबाजी तथा सोच-विचार के बीच कोई फर्क ही नहीं, ऐसे महानुभाव इस पचड़े में पड़ें ही क्यों ? गालिब को याद करें तो—"जिसको हो दीन-ओ-दिल अजीज़, उसकी गली में जाए क्यों ?"

कबीर सरीखे लोग 'उसकी गली' में सिर हथेली पर लेकर जाते हैं। वे नया धर्म चलाने का प्रोजेक्ट लेकर नहीं, दीन-ओ-दिल के साथ दानिश-बुद्धि—के रिश्ते को समझने की जिज्ञासा लेकर चलते हैं। शब्द के ये साधक पारिभाषिक शब्दावली जरूर उपलब्ध धर्मों से लेते हैं—लेकिन इस शब्दावली का उपयोग कर जो वाक्य लिखते हैं, जो काव्य रचते हैं, वह उनका अपना होता है। धर्म रहित अध्यात्म की मीमांसा करता हुआ वाक्य। गूँगे के गुड़ को कहने की जिद करता काव्य। ऐसे वाक्य, ऐसे काव्य सभी परम्पराओं में मिलते हैं। धर्मसत्ता के बरक्स मनुष्य की आत्मसत्ता और तज्जनित सहज अध्यात्म की प्रतिष्ठा का प्रयत्न करनेवाले साधक हर दौर में हुए हैं। आज भी हैं। जरूरत ऐसी साधना के उदात्त स्वर को सुनने की है।

उत्तर भारत में आज तक प्रचलित निर्गुणपन्थी गीतों का विवेचन करते हुए प्रो. डेविड लॉरेंजन को मध्यकाल के नहीं, बीसवीं सदी के तीसरे दशक के साउथ कैरोलाइना (अमेरिका) के प्रज्ञा-चक्षु (ब्लाइंड) विलि जॉनसन के गीत याद आते हैं। डेविड लॉरेंजन का यह विवेचन—'प्रेजेज टु ए फॉर्मलेस गॉड' (स्टेट यूनिवर्सिटी ऑफ न्यूयॉर्क प्रेस, अलबनी, 1996) निर्गुण भक्ति काव्य के अध्येताओं के लिए तो जरूरी है ही, अपनी गहरी अन्तर्दृष्टि के कारण अन्य संवेदनशील पाठकों के भी काम का है। डेविड बताते हैं कि विलि जॉनसन के गीतों की अन्तर्वस्तु और उनकी बनावट दोनों ही निर्गुण काव्य से अद्‌भुत रूप से मिलती-जुलती है। सबसे ज्यादा मार्के की बात यह कि प्रज्ञाचक्षु विलि जॉनसन के गीत सिर्फ उनकी अपनी प्रतिभा के चमत्कार नहीं है। वे साउथ कैरोलाइना के लोक-जीवन में न जाने कब से प्रचलित गीतों और लोकोक्तियों का समकालीन रूप हैं। उनका महत्त्व उनके मौलिक होने से कहीं ज्यादा उनमें व्यक्त लोक-संवेदना के कारण है। विलि जॉनसन की सारी शब्दावली ईसाइयत की है, लेकिन उनका वाक्य, उनके काव्य का मर्म संगठित चर्च की धर्मसत्ता के बाहर जीवन मात्र में—एवरीडे प्रैक्टिस में—अध्यात्म की सत्ता को रेखांकित करता है। जिस प्रभु के वचन, प्रवचन की वेदी से उच्चारे जाते हैं—विलि जॉनसन उसी अमर प्रभु के वचनों को हर जगह गूँजता सुनते हैं। विलि जॉनसन का प्रभु किसी एक धर्म परम्परा तक सीमित न होकर मनुष्य मात्र की भाषा में मौजूद

है। कबीर के प्रभु की ही भाँति वह भी यही कहता है—"खोजी होय तो तुरतै मिलिहौं, पल-भर की तलाश में।"

कहाँ पन्द्रहवीं सदी के बनारस के कबीर—कहाँ बीसवीं सदी के अमेरिका के प्रज्ञाचक्षु विलि ! दोनों की कविता के स्वभाव में भी काफी अन्तर। लेकिन साथ ही दो महत्त्वपूर्ण समानताएँ। एक तो धर्म की चाहरदीवारी के बाहर अध्यात्म को कहने, उसकी मीमांसा करने की छटपटाहट; दूसरे, अपने लोक-जीवन से गहरा सम्बन्ध—इस सम्बन्ध के कारण उत्पन्न वेदना की द्वन्द्वात्मकता। अनभै साँचा (सामाजिक आलोचना) और अनभौ साँचा (आध्यात्मिक अनुभव)—दोनों को साधनेवाली वेदना की द्वन्द्वात्मकता। यही द्वन्द्वात्मक वेदना तो ऐसे साधकों की अनगढ़ कविता को अद्‌भुत रूप से उदात्त बना देती है।

कबीर और प्रज्ञाचक्षु विलि की संवेदना की तुलना करते हुए डेविड बिलकुल ठीक निष्कर्ष पर पहुँचे हैं। वे कहते हैं, "हर समाज की तरह भारतीय समाज और संस्कृति की संरचना में कुछ विशेषताएँ तो असन्दिग्ध रूप से हैं ही—लेकिन मूलभत संरचनाएँ मानवीय ही हैं—विशेष रूप से भारतीय भर नहीं। इन दिनों विभिन्न संस्कृतियों के बीच अन्तर को बढ़ा-चढ़ाकर पेश करने का फैशन है—लेकिन सार्वभौम मानवीयता की उपेक्षा नहीं करनी चाहिए। सच यह है कि निर्गुण काव्य में निहित सामाजिक मूल्य न केवल गैर-निर्गुणियों तक, बल्कि गैर भारतीयों तक भी सहज रूप से सम्प्रेषित होते हैं। ऐसा सम्प्रेषण बस थोड़ी-सी टिप्पणियों की ही माँग करता है।" (वही, पृ. 3)

कारण यह कि सारे संस्कृतिगत अन्तरों के बावजूद मनुष्य की एक सार्वभौम प्रकृति भी तो होती है। यह प्रकृति, बल्कि डेविड के शब्दों में मनुष्य का 'जेनेटिक रुझान' व्यक्त होता है—'मिलते-जुलते विचारों और भावों की अभिव्यक्ति' में। सचमुच, धर्मसत्ता के बरक्स अध्यात्म सत्ता का रेखांकन, मनुष्य की सार्वभौम प्रकृति का अंग ही तो है। श्रम, प्रेम और अध्यात्म से परिभाषित जिस मनुष्यता को टुकड़ों में बाँट दिया गया है, उसे फिर से पाने की लालसा मनुष्य का 'जेनेटिक प्रिडिसपोजीशन' होती है। कबीर की साधना इस रुझान की एक अभिव्यक्ति है—तो प्रज्ञाचक्षु विलि जॉनसन की साधना दूसरी। अपने समय-सन्दर्भ और परिवेश के नाते एक-दूसरे से अलग-बहुत दूर। अपने सरोकारों, अपनी तलाश के नाते एक-दूसरे के बहुत पास। पल-भर की उस अद्‌भुत, उदात्त तलाश में एक-दूसरे के बिलकुल साथ। पन्द्रहवीं सदी के बनारस के जुलाहे कबीर—और बीसवीं सदी के साउथ कैरोलाइना के ब्लाइंड विलि जॉनसन !

31 अगस्त, 2003

धर्मसत्ता से जिरह करती कविता : अल म' आरी

मनुष्य की बुद्धि-विवेकशीलता ही उसे विवश करती है—जीवन में पावनता की खोज करने के लिए। जीवन के अर्थ की खोज करने के लिए। मेरा यह जीवन न मुझ तक सीमित है, न यहाँ तक। भौतिक रूप से समाप्त हो जाने के बाद भी यादों में बस जाने की चाह मनुष्य की बुनियादी इच्छाओं में से है। अपनी रक्षा के लिए आक्रामकता तक चले जाने की प्रवृत्ति मनुष्य की मूलवृत्ति है—लेकिन साथ ही दूसरे के दुख की संवेदना, न्याय की किसी-न-किसी प्रकार की धारणा भी मनुष्य की मूलवृत्ति है। मनुष्य आत्मलिप्त भी है, और आत्मविस्तार के लिए सदा तैयार भी। रूसो ने जब 'सामाजिक समझौते' की कल्पना की, तो उनकी आधारभूत मान्यता यही थी कि मनुष्य में एक ही साथ 'आत्मरक्षा' की वृत्ति भी है और 'स्वाभाविक दया' की भी। परसाईजी का अद्‌भुत बिम्ब याद करें तो, 'आदमी का कुछ ठिकाना नहीं, कब लकड़बग्घा बन जाए, कब करुणावतार !'

ऐसी परस्पर विरोधी सम्भावनाओं को साधने के लिए ही ऐसी विधि चाहिए जो एक समग्र सार्थकता-बोध दे सके। लकड़बग्घेपन और करुणावतार की स्थिति के बीच ऐसा तालमेल बैठा सके, जो हर आदमी के निजी जीवन को सार्थक बनाए। इससे भी आगे, जो सैकड़ों-हजारों साल की स्मृतियों और भविष्य की कल्पनाओं को व्यवस्थित अर्थ दे सके। जो ऐन निजी वेदनाओं को सारे संसार के अनुभवों से जोड़ने का बोधगम्य आधार दे सके। ऐसे आधार की खोज आध्यात्मिक खोज है। अपने 'आत्म' के विस्तार की, उसके परे जा सकने की सम्भावना की खोज।

धर्म का बुनियादी दावा और वादा इसी खोज की तृप्ति का है। वह आत्मरक्षा की मूलवृत्ति को भी सन्तुष्ट करने का दावा करता है, और स्वाभाविक दया की मूलवृत्ति को भी। इस तरह धर्म सार्थकता-भाव देनेवाला समग्र आख्यान बनकर मनुष्य की चेतना में आता है। वह मनुष्य की आध्यात्मिक पिपासा के साथ-साथ उसकी मूलभूत न्यायचेतना को भी तृप्त करने का दावा करता है। वह एक ही साथ मनुष्य के आध्यात्मिक और नैतिक—दोनों तरह के सहारे का काम करता है। कोई भी धर्म सिर्फ आध्यात्मिक या सिर्फ नैतिक पहलू तक सीमित नहीं रहता।

यही कारण है कि धार्मिक कल्पना में बहुत कुछ पावन होता है और नैतिक भी। जो लोग धर्म और धर्मसत्ता की गहरी आलोचना करना चाहते हैं; या सामाजिक संगठन के धरातल पर धर्मसत्ता का विकल्प तलाशना चाहते हैं—वे धर्म की इस द्वन्द्वात्मक

समग्रता की उपेक्षा कर ही नहीं सकते। आध्यात्मिक और नैतिक खोज का माध्यम बनकर धर्म आस्था का मूलभूत आधार बन जाता है। डूबते को तिनके का सहारा भी और अपार कष्ट सहन को सम्भव करनेवाला प्रेरणा स्रोत भी। ऐसे आधार की खोज अन्ततः मनुष्य का स्वभाव ही तो है। 'धर्म' शब्द का मूल अर्थ ही है स्वभाव। प्रकृति प्रदत्त अपनापन। अपनी विशेषता। और मनुष्य की विशेषता है : प्रकृति का अंश होते हुए भी अपने होने की चेतना—जो उसे प्रकृति में एक विशिष्ट, मार्क्स के शब्दों में 'गैर-आवयविक, आध्यात्मिक' स्थिति प्रदान करती है। आत्मरक्षा और दूसरे की पीड़ा के प्रति संवेदना का सह-अस्तित्व। स्वार्थचेतना और न्याय-बोध का सह-अस्तित्व।

समस्या यह है कि धर्म सिर्फ निजी आस्था नहीं। अपनी शरण में आनेवाले मनुष्य के लिए धर्मसत्ता उस सामाजिक सत्तातन्त्र, उस सामूहिक अस्मिता को भी आस्था का विषय बना देती है, जिसे वह समर्थन दे रही हो। वर्णाश्रम की सत्ता हो या संघ की, चर्च की सत्ता हो या खिलाफत की—धर्मसत्ता द्वारा समर्थित सत्तातन्त्र ऐतिहासिक (इसलिए परिवर्तनीय) न रहकर 'धार्मिक', 'दैवीय' (इसलिए शाश्वत) बना दिया जाता है। सत्तातन्त्र और अस्मिता के ठेकेदारों का विरोध, ईश्वर का, प्राकृतिक नियम का, शाश्वत सत्य का विरोध बन जाता है। मनुष्य द्वारा आत्मसत्ता का रेखांकन धर्मद्रोह, पाप, कुफ्र, हेरेसी का रूप ले लेता है।

लेकिन धार्मिक लोगों में भी ऐसे लोग होते हैं, जो मनुष्य की आत्मसत्ता के रेखांकन को ही सच्चा धर्म मानते हैं। जो धर्ममात्र का विकल्प भले ही न खोजना चाहें, लेकिन धर्मसत्ता से लगातार जिरह जरूर करते हैं। धर्मसत्ता द्वारा आरोपित 'फाउस्टियन पैक्ट' की जकड़ कमजोर करने में ऐसी जिरह का योगदान बेहद मूल्यवान् रहा है। गांधी हों या गफ्फार खाँ या मार्टिन लूथर किंग—ऐसे लोग धर्मसत्ता द्वारा आरोपित 'फाउस्टियन पैक्ट' को तार-तार कर देते हैं। अपने ही जीवन में नहीं, करोड़ों लोगों के जीवन में। वे ऐसा कर पाते हैं क्योंकि वे धर्म को सिर्फ सत्तातन्त्र और सामाजिक अस्मिता का वाचक भर मानने से दो टूक इनकार कर देते हैं। इनकार कर देते हैं वे पावनता के आश्वासन के बदले विवेक को गिरवी रख देने से। धर्म के नाम पर अस्मिता का बिगुल फूँकने की बजाय ऐसे लोग अपने जीवन, कर्म और सर्जनात्मक अभिव्यक्ति से स्वयं धर्म को अध्यात्म और विवेक की याद दिलाते हैं।

ऐसे ही लोगों में एक हैं अब्दुल्लाह अल म' आरी। ग्यारहवीं सदी के अरब में सक्रिय अल म' आरी धार्मिक व्यक्ति होने के साथ ही हर धर्म और उसकी ओर से किए जानेवाले दावों के कठोर आलोचक थे। इस्लाम के इतिहास में उनकी गिनती तीन बड़े 'जिन्दीकों' में की जाती है। 'जिन्दीक' मूलरूप से उन लोगों को कहा जाता था जो पुराने ईरानी धर्म-विश्वासों से प्रभावित थे। इन धर्मविश्वासों में सारा अस्तित्व, संसार का सारा पसारा शुभ-अशुभ के बीच साफ तौर से बँटा हुआ था। लेकिन इस्लाम के जिन्दीकों ने इस विभाजन को जस-का-तस अपना नहीं लिया। अपनी कविता में उन्होंने 'जिन्दीक' का आशय ही बदल डाला। वे धर्मसत्ता के नियामक, अस्मितापरक रूप से जिरह इस

आधार पर करते थे कि धर्म का अगर कोई वास्तविक अर्थ है तो वह है हृदय की निर्मलता। यह निर्मलता यदि नहीं है तो धर्म दावे चाहे जैसे करे, वह खेतों को चौपट करनेवाले जहरीले झाड़-झंखाड़ की ही तरह है। असली मसला तो विवेक और निर्मल हृदयता का ही है। धर्म अपने आप में प्रतिमान नहीं है, बल्कि धर्म की सार्थकता की कसौटी है—आध्यात्मिकता और न्यायचेतना। इस कसौटी पर जो खरा न उतरे, वह धर्म जिन्दीक अल म' आरी के किसी काम का नहीं—वह चाहे ईसाइयों का हो, यहूदियों का या स्वयं अल म' आरी का धर्म—इस्लाम—हो। अल म' आरी के लिए कसौटी है—प्रबुद्ध विवेक। वे कहते हैं, "मुसलमान, ईसाई, यहूदी, मेगी सभी उलझन में पड़े भटक रहे हैं, सच तो यह है कि मनुष्य दो ही प्रकार के होते हैं—प्रबुद्ध जन या फिर धर्मान्ध मूर्ख !"

जैसे प्रज्ञा-चक्षु विलि और कबीर के बीच; वैसे ही अल म' आरी और कबीर के बीच बहुत फर्क है। समय का। परिवेश का। और सबसे बड़ा फर्क धर्म के प्रति मूलभूत दृष्टि का। कबीर से अलग हैं विलि और अल म' आरी क्योंकि उनकी खोज धर्ममात्र का विकल्प खोजने की नहीं, जैसी कि कबीर की है। लेकिन इस फर्क के बावजूद रोमांचक है समानता—धर्म से जिरह करने की। रोमांचक है आग्रह धर्म की बजाय प्रेम और विवेक की कसौटी का। कबीर की शब्दावली में 'राम कसौटी' का। जिनका धर्म इस कसौटी से कतराता है; जो धर्म को सिर्फ सामाजिक सत्तातन्त्र और सामाजिक अस्मिता का मोहक नाम मानते हैं—ऐसे लोगों से टकराने में भी समान भूमि पर खड़े हैं ये तीनों। ग्यारहवीं सदी के अल म' आरी; पन्द्रहवीं सदी के कबीर और बीसवीं सदी के ब्लाइंड विलि !

इस समानता से भी ज्यादा रोमांचक, विचारोत्तेजक समानता है यह कि तीनों कवि हैं। सिर्फ ये तीनों ही क्यों, सैकड़ों-हजारों जाने-अनजाने लोग हैं जिन्होंने धर्मसत्ता से जिरह की है कविता के जरिए। जिन्होंने इनकार किया है कविता को बने बनाए समाधानों के, प्रचार का माध्यम बनाने से। जो जिद करते रहे हैं आध्यात्मिक-नैतिक बोध का ऐसा आख्यान रचने की, जो धर्म का विकल्प बन सके। या जो कोशिश करते हैं, धर्मसत्ता को याद दिलाने की, उन दावों और वादों की याद जो धर्मसत्ता करती रहती है। यह कोरा संयोग तो नहीं कि ऐसी जिद, ऐसी कोशिश सर्जनात्मक प्रयत्न के माध्यम से की गई हैं। यह कोरा संयोग तो नहीं कि सभी सभ्यताओं-संस्कृतियों में हम कविता को, सर्जनात्मक प्रयत्नों को—धर्मसत्ता से जिरह करता पाते हैं। धर्मसत्ता के 'फाउस्टियन पैक्ट' के विरुद्ध सर्जनात्मकता अनवरत, जीवन्त विद्रोह बन जाती है। जाने-माने लोगों की सर्जनात्मकता हो या जन-साधारण की, उसका एक पहलू मानवीय वेदना की द्वन्द्वात्मकता से जुड़ता-ही-जुड़ता है। वेदना ब्रह्मांड से अपना सार्थक सम्बन्ध जोड़ने की, वेदना अन्याय से टकराने की।

प्रचलित शब्दावली के अनुसार अल म' आरी को सूफी कहा जाएगा। बेशरा सूफी। मान लिया गया है कि सूफी मत इस्लाम का रहस्यवादी रूप है। वैसे ही जैसे निर्गुण भक्ति को रहस्यवाद मान लिया गया है। वास्तविकता यह है कि जिन्दीकों, सूफियों की परम्परा इस्लाम के पहले से चली आ रही थी। उनका मत, वस्तुतः पश्चिम एशिया का लोक-धर्म

था। एकेश्वरवाद के उदय के पहले से मौजूद 'पैगन' परम्परा का 'लोक-धर्म'। इस 'पैगन' परम्परा से एकेश्वरवाद ने संघर्ष भी किया—और इसके बहुत से तत्त्वों को अपने भीतर समा भी लिया। ऐसे समाहार के बावजूद धर्मसत्ता से जिरह करने की, उसके बरक्स अध्यात्मसत्ता के रेखांकन की बेचैनी बनी रही। इसी बेचैनी का नतीजा था कि इस्लामी धर्मसत्ता के साथ ज़िन्दीकों और सूफियों के सम्बन्ध खासे तनावपूर्ण बने रहे अल म' आरी जैसे लोग सवाल पूछते रहे कि "सात बार नहीं, सत्तर बार परिक्रमा करें आप काबे की—क्या फायदा अगर विवेक की परिक्रमा नहीं की !" फिर से कबीर—"हज कज्ञबे है है गया केती बार कबीर / मीराँ मुझ में क्या खता, मुखा न बोले पीर।"

ऐसे सवाल निर्मलहृदयता के आग्रह और अभ्यास से जुड़कर मनुष्य मात्र के सवाल बन जाते हैं—किसी एक अल म' आरी या कबीर तक सीमित नहीं रहते। धर्मसत्ता से जिरह करती कविता चाहे अल म' आरी की अरबी में प्रकट हो, चाहे कबीर की हिन्दी में—संकेत वह धर्मसत्ता के विकल्प की सम्भावना का ही करती है !

14 सितम्बर, 2003

आम आदमी और धर्मेतर अध्यात्म

चौदह सितम्बर दो हजार तीन। पाकिस्तान के राष्ट्रपति परवेज मुशर्रफ बीबीसी के 'टॉकिंग प्वाइंट' प्रोग्राम में दर्शकों के सवालों के जवाब दे रहे हैं। एक सवाल आता है—पाकिस्तान में लोकतन्त्र और सेकुलरिज्म के बारे में। मुशर्रफ कहते हैं, ''पाकिस्तान इस्लामिक लोकतन्त्र है। इस्लाम सिर्फ 'रिलिजन' नहीं, समूची 'जीवन शैली' (वे ऑफ लाइफ) है। इस्लामी जीवन शैली तो अपने स्वभाव से ही सेकुलर और डेमोक्रेटिक है। इसका तो रुझान ही है—सामाजिक न्याय और समानता की तरफ। इसलिए पाकिस्तान के 'इस्लामिक रिपब्लिक' होने के कारण इसके सेकुलरिज्म और इसके लोकतान्त्रिक स्वभाव के बारे में सन्देह करना गलत है। इस्लाम तो है ही अपने आप में सेकुलर और डेमोक्रेटिक।''

याद करें, ठीक ऐसी ही बातें हिन्दुत्ववादी करते हैं। उनके अनुसार हिन्दू तो होता ही सेकुलर है। हिन्दुत्व तो है ही जीवन-शैली—वह धर्म है ही नहीं। हिन्दुत्व की स्थापना राजनीतिक धरातल पर पूरी तरह हो जाए तभी देश में सच्चा लोकतन्त्र (!) आएगा और तभी 'स्यूडो सेकुलरिज्म' की जगह सच्चे 'सेकुलरिज्म' की स्थापना भी हो पाएगी।

इन बातों की, तथा इन्हें कहनेवालों की सोच की समीक्षा फिलहाल नहीं करनी है। अभी तो केवल उस शुभ सूचना पर ध्यान दें, जो उपरोक्त महानुभावों के अनचाहे-अनजाने उनकी बातों से मिल रही है। ध्यान देने की बात यह है कि इस्लामवादी हों या हिन्दुत्ववादी—दोनों ही अपने आपको लोकतन्त्र, सेकुलरिज्म और सामाजिक न्याय के प्रतिमानों पर खरा दिखाना चाहते हैं। दोनों ही की बातों में उनके धर्म इसलिए श्रेष्ठ हैं क्योंकि वे 'जीवनशैली' हैं—सेकुलरिज्म, लोकतन्त्र और न्याय पर आधारित जीवनशैली। बेशक यह पाखंड ही है कि परवेज मुशर्रफ या प्रवीण तोगड़िया लोकतन्त्र और सेकुलरिज्म की बात करें—लेकिन इस पाखंड से सेकुलर डेमोक्रेसी के मूल्यों का आकर्षण तो सिद्ध होता ही है। पाखंड करना तभी पड़ता है अब आप अपनी सच्चाई छिपाना चाहें, दुनिया को भरमाना चाहें। अपने असली चेहरे को छुपाकर लोक-लुभावन मुखौटे धारण करनेवाले जानते हैं कि लोग किन बातों से आकर्षित होंगे। अब यह मुमकिन नहीं कि आप दो टूक शब्दों में लोकतन्त्र को 'शैतान की खुराफात' कह सकें (जैसे कि मौलाना मौदूदी कहा करते थे) या खुलेआम धार्मिक पहचान को मनुष्य की एकमात्र पहचान बता सकें। इसीलिए समाज और राजनीति में धर्मसत्ता की जकड़ बनाए रखने के लिए तरह-तरह के

महीन तर्क ईजाद किए जाते हैं। इन तर्कों की ईजाद अपने आप में लोकतन्त्र और सेकुलरिज्म के आधुनिक मूल्यों की विश्वव्यापी स्वीकृति का ही प्रमाण है। इससे भी ज्यादा महत्त्वपूर्ण बात यह कि मनुष्य आज लोकतन्त्र भी चाहता है, सामाजिक न्याय भी और आध्यात्मिक पिपासा की तृप्ति भी। धर्मसत्ता के प्रवक्ताओं का एकाधिकार आध्यात्मिकता पर तो है ही, वे न्याय और लोकतन्त्र की पिपासा को तृप्त करने का भी दावा करना चाहते हैं। आध्यात्मिकता के प्रसंग में धर्मसत्ता के विकल्प की चर्चा तो यों भी नहीं होती; लोकतान्त्रिक मूल्यों की पिपासा को तृप्त करने का भी दावा धर्मसत्ता की ओर से ही क्यों नहीं किया जाए ? जो आम आदमी अध्यात्म के प्रसंग में धर्मसत्ता से जुड़ा रहने के बावजूद, कई सामाजिक-राजनीतिक प्रक्रियाओं के प्रसंग में धर्मसत्ता से किसी हद तक मुक्त हुआ है—उसे क्यों नहीं फिर से पूरमपूर धर्मसत्ता की जकड़ में खींच लिया जाए ?

इसीलिए धर्मेतर अध्यात्म का सवाल महत्त्वपूर्ण है। केवल चुनिन्दा लोगों के लिए ही नहीं, ऐन सीधे-सादे इंसान—आम आदमी—के लिए भी। इस लेखक के लिए सन्तोष की बात है कि पिछले चार महीनों से लगातार किए जा रहे आग्रह पर लोगों का ध्यान गया है। तीन ही बरस पहले कुछ अलग तरह का अनुभव हुआ था। कुछ सदाशयी लोगों को भी इस आग्रह में 'पिछले दरवाजे से धर्म की वापसी' की साजिश का आभास हुआ था। कुछ किशोर बुद्धि लोगों को तो सारा मामला बस चार ही वाक्य में निपटा देने लायक लगा था।

इधर, इस विषय पर कुछ गम्भीर चर्चा यत्र-तत्र देखने-सुनने को मिली। कुछ लोगों का कहना है, "निजी धर्म के लिए जो मानसिक अवकाश और मानस चाहिए, वह आम आदमी के बस का कहाँ ?" कुछ लोगों को यह भी लगा कि जो चर्चा 'मुखामुखम' में चल रही है, उसका दायरा बौद्धिक धरातल तक सीमित है और इसमें आम आदमी की जरूरतों की उपेक्षा हो रही है। और फिर व्यावहारिक सवाल तो है ही : कोरे विचार से क्या होगा ? धर्मोन्माद का सामना करने की कोई व्यावहारिक विधि तो आप सुझा नहीं रहे। प्रतीकों और मिथकों से बने जन-मानस के धरातल पर क्या करें—इस दिशा में तो सोच नहीं रहे !

इन प्रश्नों के प्रसंग में पहली बात तो यह कि विचार और कर्म के बीच परस्पर उपेक्षा का नहीं, संवाद का सम्बन्ध होना चाहिए। ऐसा मानना व्यर्थ है कि विचार केवल बुद्धिजीवियों का काम या कोरा विलास है और रोजी-रोटी के लिए मशक्कत करनेवालों का विचार से वास्ता ही नहीं होता। सच तो यह है कि विचार और कर्म के बीच ऐसे अनबोलेपन की कल्पना ही तरह-तरह के छल-प्रपंचों और तानाशाह सत्ताओं को वैधता प्रदान करती है। दूसरी बात यह कि 'मुखामुखम' की टिप्पणियों पर यह टिप्पणी निराधार है कि इनमें लोकमानस की धार्मिकता पर ध्यान नहीं दिया जा रहा। इन टिप्पणियों में न केवल इस धार्मिकता को, बल्कि उसकी मौजूदगी के कारण और तर्क की समीक्षा करने का प्रयास किया गया है। हाँ, इतना जरूर है कि 'मुखामुखम' समकालीनता के

अनावश्यक आतंक से मुक्त रहने का भी प्रयास साथ-साथ कर रहा है। समकालीन सवालों से नहीं, उस आतंक से, जिसके चलते ऐन अपने वक्त से आगे-पीछे झाँकने की कोशिश ही कुछ लोगों को अटपटी लगने लगती है। धर्म का प्रश्न हो या कोई और—उससे मुखामुखम करने की प्रक्रिया सन्दर्भबद्ध तो होती ही है, लेकिन किसी भी गहरे मुखामुखम को अपने समय-सन्दर्भ के आगे-पीछे भी देखना होता है। विशिष्ट से सामान्य की ओर जाना ही सच्चे विमर्श को सम्भव करता है। इंग्लैंड में मौजूद पूँजीवाद का गहरा अध्ययन करते हुए ही मार्क्स ने पूँजीवाद मात्र के बारे में कुछ प्रतिपादन किए थे। भारत-ब्रिटेन सम्बन्धों के विशिष्ट सन्दर्भ से जूझते हुए ही गांधीजी ने औद्योगिक सभ्यता मात्र की मूलगामी समीक्षा की थी।

भारत ही नहीं, सारी दुनिया में धर्म की वापसी जिस रूप और जिस लहजे में हो रही है, उसका उचित विमर्श विकसित किए बिना साम्प्रदायिक राजनीति के समकालीन रूपों से जूझने की विधि विकसित हो ही नहीं सकती। इसीलिए उस आध्यात्मिक पिपासा का मर्म समझना जरूरी है, जिसका दोहन धर्म द्वारा किया जाता है। प्रयास धर्म की भूमिका को नकारने का नहीं, उल्टे उसकी समग्रता को समझने का है। उसकी द्वन्द्वात्मक समग्रता को, उसमें निहित वेदना की द्वन्द्वात्मकता को समझने का। व्यावहारिक धरातल पर इसका सीधा अर्थ है—धर्म के प्रेरणाप्रद और समस्यापरक रूपों के अन्तर्सम्बन्धों को समझना। लोकमानस की धार्मिकता के प्रति जिज्ञासा करना उसकी अवज्ञा करना नहीं है। ऐसी धार्मिकता के प्रति संवेदनशीलता के साथ भी धर्म की अवधारणा और धर्मसत्ता के फाउस्टियन पैक्ट की समीक्षा आवश्यक है। ऐसी समीक्षा के अभाव में धार्मिकता के प्रति संवेदनशीलता अपर्याप्त तो है ही, कई बार वह धर्मसत्ता के महिमामंडन में भी बदल जाती है। यूरोप में जन्मी आधुनिकता की आलोचना करते-करते बहुत से सदाशयी लोग भी ऐसी अपर्याप्त इकहरी संवेदनशीलता के कारण ऐसे महिमामंडन की गति को प्राप्त हुए हैं। सांस्कृतिक अन्तरों, विशिष्टताओं के रेखांकन के नाम पर बेहद खतरनाक अस्मितावादी राजनीतिक-धार्मिक स्थापनाओं का समर्थन किया गया है। इसलिए एक तरफ जनमानस की धार्मिकता के स्वभाव को जानना जरूरी है, तो दूसरी तरफ स्वयं धर्मसत्ता के स्वभाव को जानना भी।

यह भी याद रखना चाहिए कि धर्म की भूमिका भले तब तक सीमित हो, जब तक जगत हृदयहीन और परिस्थितियाँ आत्माहीन हैं, लेकिन अध्यात्म की भूमिका मनुष्य के उस चरम स्वप्न में भी बनी रहेगी जब जगत हृदयहीन न रह जाए। वह चरम स्वप्न चाहे जब वास्तविकता में बदले, लेकिन वह हमारी ऐन समकालीन गतिविधियों का ही प्रेरणा स्रोत और प्रतिमान तो है ही। गांधीजी का प्रिय दृष्टान्त था—सरल रेखा की परिभाषा। परिभाषा की आदर्श सरलरेखा में कोई चौड़ाई नहीं होती। असम्भव दीखनेवाला यह स्वप्न ही मनुष्य को महीन-से-महीन सरल रेखा खींचने की प्रेरणा देता आया है। धर्मेतर अध्यात्म की खोज निस्सन्देह एक सन्दर्भ-विशेष से जुड़ी है, लेकिन उसका महत्त्व मनुष्य के चरम स्वप्न से जुड़ने में ही है। ऐसी खोज को यदि कोरा

बुद्धि-विलास मान लें तो यह भी मानना होगा कि अध्यात्म की सम्भावना धर्मसत्ता के बाहर कहीं है ही नहीं।

लेकिन अतीत के और वर्तमान के संकेत तो कुछ और ही कहानी कहते हैं। धर्मेतर अध्यात्म की सम्भावना का रेखांकन सबसे पहले और सबसे ज्यादा उन्हीं ने किया है—जिन्हें आज के मुहावरे में 'आम आदमी' कहा जाता है। आम आदमी को समय के प्रवाह में जम गया मानने की बजाय जो लोग—कवि, लेखक, कलाकार, विचारक—उसकी प्रज्ञा को शब्द देते हैं—वे ऐन इसी वजह से 'खास' मान लिए जाते हैं। रूपकों और मिथकों का महत्त्व आम और खास दोनों तरह के इंसानों की जिन्दगी में होता है—और उतना ही महत्त्व होता है अमूर्त्तनों का, अवधारणाओं का, विचारों का। ऐसा कुछ नहीं है कि अमूर्त्त विचार केवल पंडितों को आते हैं और आम आदमी केवल उनके उपदेश ही सुनता रहता है। जरूरत मानव मात्र की चेतना में अमूर्त्तन और रूपक दोनों के महत्त्वपूर्ण, सार्थक संवाद को ध्यान से सुनने की है।

हम भी सुन सकते हैं यह संवाद यदि उनके प्रयासों पर ध्यान दें जिन्होंने धर्मग्रन्थों को कविता की तरह पढ़ा, या सर्जनात्मकता में अध्यात्म को पहचानने की कोशिश की—या धर्म की परख अस्मिता के प्रतिमान की बजाय विवेक की कसौटी पर करने का प्रस्ताव किया। ऐसी परख के केन्द्र में आम आदमी ही रहा है। 'मुखामुखम' की चर्चा के केन्द्र में भी आम आदमी है—लेकिन वैसे नहीं जैसे कि राजनीतिक प्रतिनिधित्व के दावेदारों की भाषा में होता है। बल्कि वैसे जैसे कविता के शब्दों में होता है।

28 सितम्बर, 2003

'मूँदिहु आँख कतहुँ किछु नाहीं'

धर्मेतर अध्यात्म और धर्मसत्ता की चर्चा के प्रसंग में एक सज्जन का कहना है कि "धर्मसत्ता की चर्चा करना वैसा ही है, जैसा कि मॉस्को की सड़कों पर ऊँट देखना।" मॉस्को का उल्लेख शायद इस लेखक के मार्क्सवादी होकर धर्म और अध्यात्म की चर्चा करने की हिमाकत पर व्यंग्य करने के लिए। अनुमान किया जा सकता है कि उक्त सज्जन मार्क्सवाद के विरोधी हैं। दूसरी ओर एक मार्क्सवादी मित्र का कहना है, "विज्ञान की परिभाषा में न तो धर्म का कोई अस्तित्व है न धर्मसत्ता का।" इन्हीं मित्र का यह भी आरोप है कि इस लेखक की कबीर सम्बन्धी दृष्टि भी, 'अन्ततः ब्राह्मणवाद की अन्ध गलियों की ओर कूच कर जाती है।'

यह रोचक है कि एक मार्क्सवादी और एक मार्क्सवाद विरोधी—दोनों ही मित्र धर्मसत्ता का अस्तित्व तक स्वीकार करने को तैयार नहीं। इस रोचक संयोग पर विचार करना चाहिए। ऐतिहासिक तथ्य और घटनाक्रम तो अपनी जगह—हमारा ऐन समकालीन अनुभव क्या बताता है ? संगठित धर्म के विभिन्न रूप आज अस्मितावादी राजनीति का रूप धारण किए हुए संसार-भर में धर्मनिरपेक्ष राजनीति के सामने चुनौती बने खड़े हैं। महाबली आधुनिक राष्ट्रराज्य इस उत्तर आधुनिक जमाने में धर्मसत्ता से समझौते कर रहे हैं। बड़े-बड़े बौद्धिक 'सेकुलर नागरिकता' को अपर्याप्त मानते हुए धार्मिक अस्मिताओं पर आधारित नागरिकता को बाकायदा स्वीकार करने की वकालत कर रहे हैं। विभिन्न धार्मिक समुदायों की विशिष्ट जीवनशैली की स्वीकृति के नाम पर ब्रिटेन में 'फेथ कम्युनिटीज' को अपनी मर्जी के स्कूल चलाने की, अपने 'फेथ' के मामलों का इन्तजाम आप करने की छूट दी जा चुकी है। हमारे अपने समाज में हिन्दू और मुस्लिम धर्माचार्य रोजमर्रा के जीवन को ही नहीं, राजनीतिक प्रक्रियाओं को भी प्रभावित कर रहे हैं। युवा वर्ग में संगठित धर्म के संस्थाबद्ध रूपों के प्रति आकर्षण बढ़ रहा है। धर्मान्तरण का सवाल प्रचंड राजनीतिक सवाल बन चुका है। और इन सारी प्रक्रियाओं में धर्म का अर्थ है सत्ता और अस्मिता की राजनीति। इन सारी प्रक्रियाओं में धर्म, अध्यात्म और नैतिकता के अन्तस्सम्बन्ध की कोई जगह नहीं है। धर्म से जिरह की कोई गुंजाइश नहीं है। धर्म सिर्फ और सिर्फ अस्मितावादी राजनीति के विभिन्न रूपों के बीच चलनेवाले सत्तासंघर्ष का वाचक है।

जो धर्मसत्ता के इस रूप और प्रकार्य पर विचार से इसलिए कतराना चाहते हैं

ताकि 'सेकुलर डेमोक्रेसी' से पिंड छुड़ाकर धर्मसत्ता की पूरमपूर प्रतिष्ठा की जा सके–उनकी बात तो समझ आती है। लेकिन जो तथ्य को ही नकार दे–उस 'विज्ञान की परिभाषा' अपनी समझ से बाहर है। तथ्य को स्वीकार कर, उसमें हस्तक्षेप कर, उसका रूपान्तरण करने का प्रयत्न–अपनी समझ से तो यह विज्ञान का आत्मघोषित स्वभाव है। और इस स्वभाव की भी अपनी सीमाएँ-समस्याएँ हैं। लेकिन तथ्य को पहचानिए तो। बिल्ली के सामने पड़ जाने पर आँखें मूँद लेनेवाले परिन्दे के 'विज्ञान की परिभाषा' में न बिल्ली का अस्तित्व रहता है, न आसन्न मृत्यु का। आँखें खोल ले तो और कुछ नहीं तो तथ्य का सामना करने क़ा साहस तो प्रमाणित होगा–मुमकिन है कि जीवन के पक्ष में कोई जुगत भी सूझ जाए। शर्त है आँखें खोले रखना। आप संगठित धर्म और उसकी सत्ता का स्वागत करें या प्रतिरोध; धर्मेतर अध्यात्म के प्रस्ताव को विचारणीय मानें या हास्यास्पद–वह आपका चुनाव है–लेकिन धर्मसत्ता के अस्तित्व को ही नकार देना सचमुच कुछ ज्यादा ही ऊँचे पराक्रम का मामला है। ऐसे पराक्रम की प्रशंसा में ही कहनेवाले कह गए हैं–'मूँदिहु आँख कतहुँ किछु नाहीं !'

रही बात–'ब्राह्मणवाद की अन्ध गलियों' की। सो, यह जानना सचमुच रोचक है कि कबीर की संवेदना में श्रम, प्रेम और अध्यात्म की संश्लिष्टता को रेखांकित करना ब्राह्मणवाद है ! यह जानना सचमुच ज्ञानवर्धक है कि उस 'धर्मप्राण' समय में कबीर द्वारा की गई धर्ममात्र की समग्र आलोचना की याद दिलाना 'अन्ध गलियों' में भटकना है। बात किसी एक व्यक्ति की नहीं। कविता को अपने मनचीते प्रोजेक्ट के उपकरण मात्र के रूप में पढ़ने की यह स्वाभाविक परिणति है कि कबीर या किसी की भी कविता की द्वन्द्वात्मक समग्रता से आँखें चुराई जाएँ। कबीर को ऐसे पढ़ा जाए गोया केवल सामाजिक आलोचना काम की चीज है–और उसका कबीर की आध्यात्मिक खोज से कोई सम्बन्ध ही नहीं। आखिरकार सामाजिक आलोचना को आप अपनी राजनीति का उपकरण बना सकते हैं–आध्यात्मिकता का क्या करेंगे ? यह और बात है कि कबीर की द्वन्द्वात्मक वेदना के दोनों पक्ष–आध्यात्मिक और सामाजिक-परस्पर निर्भर हैं। हुआ करें, हमें क्या ! हमें तो सिर्फ उनका इस्तेमाल करना है, एक निर्जीव वस्तु की तरह। सो, हमें श्रम, अध्यात्म और संवेदना के वस्तुकरण की क्या चिन्ता करनी ? क्यों ध्यान दें इस बात पर कि अन्ध गलियाँ सिर्फ 'ब्राह्मणवाद' की नहीं 'दलितवाद' की भी होती हैं। क्यों ध्यान दें इस बात पर कि सही शब्द है–जातिवाद–जन्म से मनुष्य का मोल करनेवाला अस्मितावाद–और इसके सभी संस्करणों का लोकतान्त्रिक संस्कार से गहरा विरोध है। 'विज्ञान की परिभाषा' सचमुच अद्भुत है कि कबीर के 'भीतर-बाहर सबद निरन्तर'–सामाजिक और आध्यात्मिक की द्वन्द्वात्मकता पर ध्यान देना तो व्यर्थ है और धर्ममात्र के आलोचक कबीर को धर्मसंस्थापक बना देना सार्थक ! जातिवाद मात्र से जिरह करते, धर्म के 'फाउस्टियन पैक्ट' के बरक्स 'निज ब्रह्म विचार' को स्थापित करते कबीर की छटपटाहट बहुत ही मूल्यवान् है–उसे लोकलुभावन मुहावरों के चालूपन मात्र तक समेट देने से कबीर की कविता का तो खैर क्या बिगड़ेगा–हमीं उस बौद्धिक और

संवेदनात्मक समृद्धि से वंचित होंगे–जो कबीर की कविता हमें दे सकती है। 'कबीर की प्रासंगिकता को बल' देने के अहंकार से मुक्त होकर, सोचना यह चाहिए कि न्यायपरक समाजसत्ता के लिए ऐसी बौद्धिक और संवेदनात्मक समृद्धि आवश्यक है या अनावश्यक ! सोचना यह भी चाहिए कि धर्मसत्ता के अस्तित्व और धर्मेतर अध्यात्म की सम्भावना को खारिज कर देने से परिभाषाओं की तथ्यपरकता प्रकट होती है या इच्छाचिन्तनपरक काल्पनिकता !

धर्मसत्ता पर विचार आवश्यक है ताकि धर्म, नैतिकता, अध्यात्म की अवधारणाओं को अलग-अलग तथा इनके परस्पर सम्बन्ध को समझा जा सके। नैतिकता का स्रोत और अध्यात्म का एकमात्र माध्यम होने के धर्म के दावे से जिरह की जा सके। इन सवालों पर विचार जरूरी है ताकि धर्म की शुभ-अशुभ परिणतियों का मूल्यांकन किया जा सके। इस बात पर ध्यान देना जरूरी है कि अध्यात्म पर धर्म के एकाधिकार के विपरीत, मनुष्य की सर्जनात्मक प्रज्ञा अध्यात्म के अन्य माध्यम खोजती रही है। आज भी खोज रही है। विडम्बना यह है कि धर्मसत्ता के बहुत से आलोचक इस खोज को भी सन्दिग्ध और व्यर्थ मान बैठते हैं। धर्मसत्ता द्वारा प्रस्तावित पद्धति का ही जाने-अनजाने अनुसरण करते हुए ये आलोचक मानवीय विवेकशीलता और पावनता की मानवीय लालसा के बीच असाध्य विरोध की कल्पना कर लेते हैं। इस तरह, वे धर्म द्वारा अध्यात्म पर जमाए गए एकाधिकार को पुष्ट ही करते हैं–और धर्मसत्ता द्वारा मानवीय चेतना पर जमाई गई जकड़ को बनाए रखने में सहायक बन जाते हैं। धर्मसत्ता का अस्तित्व भले न स्वीकार करें; उस अस्तित्व की निरन्तरता को बनाए रखने के उपकरण वे जरूर बन जाते हैं। यह सचमुच जिज्ञासा और चिन्ता का विषय है कि श्रम का वस्तुकरण जिनके दार्शनिक सरोकारों के केन्द्र में है–उनमें से भी बहुतों को अध्यात्म के वस्तुकरण की चिन्ता करना व्यर्थ क्यों लगता है।

मेरे अत्यन्त सम्मानित मित्र और गम्भीर टिप्पणीकार श्री राजेन्द्र शर्मा ने अक्तूबर, 2003 के 'कथादेश' में एक बहुत ही संवेदनशील और विचारोत्तेजक टिप्पणी लिखी है–'लेखक क्या हत्यारों के साझीदार हुए !' इसका सन्दर्भ है–इस वर्ष के ज्ञानपीठ पुरस्कार विजेता श्री राजेन्द्र केशवलाल शाह द्वारा गुजरात के घटनाक्रम के प्रसंग में की गई चिन्ताजनक टिप्पणियाँ और उनसे उत्पन्न विवाद। श्री शाह आध्यात्मिक संवेदना के कवि माने जाते हैं, उनकी चिन्ताजनक टिप्पणी के सन्दर्भ में राजेन्द्र शर्मा ने आध्यात्मिकता की मूल्य-व्यवस्था का वाजिब सवाल उठाया है। आध्यात्मिकता क्या स्वयं सम्पूर्ण मूल्य व्यवस्था भी है ? या अध्यात्म को किसी विशिष्ट मूल्य चेतना-से जोड़ना या न जोड़ना एक चयन का विषय–और इसीलिए एक अलग पड़ताल का भी विषय है ?

अध्यात्म और मूल्य व्यवस्था का सवाल उठाते हुए श्री राजेन्द्र शर्मा का कहना है, "हमारे मित्र पुरुषोत्तम अग्रवाल तो आधुनिक मानस की खला को भरने के लिए अध्यात्म तथा वास्तव में एक 'निजी धर्म' का अपना नुस्खा पिलाने पर इतने वजिद नजर आते हैं कि उन्होंने तो मरणोपरान्त भीष्म साहनी को भी इसके साक्ष्य के तौर पर पेश कर

दिया है। बहरहाल यह बहस फिलहाल उधार रही।" इस उधार बहस का मैं बहुत ही सम्मान और उत्सुकता के साथ इन्तजार करूँगा, फिलहाल सिर्फ इतना याद दिलाना चाहता हूँ कि मैंने भीष्मजी को साक्ष्य के तौर पर अपने निजी संस्मरणों के आधार पर नहीं, उनके प्रकाशित शब्दों के आधार पर पेश किया है।

यह याद दिलाना और भी जरूरी है कि जिस 'धर्मेतर अध्यात्म' की चर्चा 'मुखामुखम' में की जाती रही है, वह केवल आनन्द का धर्मेतर अध्यात्म नहीं। राजेन्द्रजी 'मुखामुखम' की टिप्पणियों को एक बार फिर से देख जाएँ तो पाएँगे कि इन टिप्पणियों में अध्यात्म की मूल्य व्यवस्था का सम्बन्ध सामाजिक और आध्यात्मिक वेदना की द्वन्द्वात्मकता, श्रम, प्रेम और अध्यात्म के परस्पर सम्बन्ध और मनुष्य की 'आध्यात्मिक प्रजाति सत्ता' (कार्लमार्क्स के शब्द) के वस्तुकरण से जोड़ा जा रहा है।

खैर, यह तो उधार बहस की बातें हैं। तब तक इस कथन पर विचार किया जाए; सहमत होने की जरूरत नहीं, केवल विचार करें,

'विज्ञान ने बहुत सा अज्ञान नष्ट कर दिया है। अन्धविश्वास के लिए मनुष्य बाध्य नहीं। आस्था की जगह उसे तर्क मिल गए हैं। विज्ञान ने बहुत से भय भी दूर कर दिए हैं; हालाँकि नए भय भी पेश कर दिए हैं। विज्ञान तटस्थ (न्यूट्रल) होता है। उसके सवालों का, चुनौतियों का जवाब धर्म को देना होगा। मगर विज्ञान का उपयोग जो लोग करते हैं, उनमें वह गुण होना चाहिए जिसे धर्म देता है। वह 'आध्यात्मिकता' (स्पिरिचुएलिज्म)—अन्ततः मानवतावाद। वरना विज्ञान विनाशकारी भी हो जाता है।'

उपरोक्त कथन है, श्री हरिशंकर परसाई का। लिया गया है, उनके लेख 'धर्म और विज्ञान' ('ऐसा भी सोचा जाता है,' वाणी प्रकाशन, नई दिल्ली, 1993, पृ. 77) से।

12 अक्टूबर, 2003

धर्मसत्ता, धर्मनिरपेक्षता और अध्यात्म

धर्मसत्ता और अध्यात्म के अन्तर और अन्तस्सम्बन्ध दोनों का लगातार ध्यान रखना जरूरी है। अध्यात्म मनुष्य की मूलभूत पिपासाओं में से एक है। इस पिपासा की अनुभूति और अभिव्यक्ति के रूप इतिहास के साथ विकसित और परिवर्तित होते रहे हैं, लेकिन इसके अस्तित्व को नहीं नकारा जा सकता। ठीक उसी तरह, जैसे मनुष्य के मूलभूत विवेक का अस्तित्व उसकी मनुष्यता से जुड़ा है, अध्यात्म की पिपासा भी जुड़ी हैं। धर्मसत्ता अपने 'फाउस्टियन पैक्ट' के जरिए दावा करती है अध्यात्म और विवेक दोनों को साधने का—इस तरह वह मनुष्य की चेतना के दोनों प्राथमिक तत्त्वों पर एकाधिकार जमाती है। इस अधिकार के ही कारण धर्मसत्ता किसी सामाजिक तन्त्र और किसी सामाजिक अस्मिता बोध को ऐतिहासिक (इसलिए परिवर्तनीय) की बजाय ईश्वरीय (इसलिए सहज, शाश्वत) के रूप में प्रस्तुत कर पाती है। इस प्रकार धर्मसत्ता मानव इतिहास में एक निश्चित विचारधारात्मक भूमिका निभाती है।

इस भूमिका की सच्ची आलोचना करने के लिए दो बातें याद रखनी चाहिए। इनमें से पहली बात धर्मसत्ता के आलोचकों को याद रहती है; दूसरी पर ध्यान देने का समय उनमें से अधिकांश के पास नहीं होता। पहली बात यह कि धर्म एक ऐतिहासिक परिघटना है, इसलिए धर्म की कोई भी सार्थक आलोचना एक व्यापक और आलोचनात्मक ऐतिहासिक कल्पना के ही अन्तर्गत सम्भव है। दिक्कत यह है कि इस बात की सार्थकता तब सीमित हो जाती है जब इसी के जितनी महत्त्वपूर्ण दूसरी बात की उपेक्षा कर दी जाए। वह बात वही—धर्म अवश्य एक मानवीय संरचना है, लेकिन अध्यात्म मनुष्य के स्वभाव का अंश है। धर्म की सार्थक आलोचना जैसे मानवीय विवेक पर धर्म के एकाधिकार का प्रतिरोध करती आई है, उसी तरह उसे अध्यात्म पर भी धर्म के एकाधिकार का प्रतिवाद करना चाहिए। इस मूलभूत सत्य की उपेक्षा करनेवाले जाने-अनजाने धर्म और अध्यात्म को पर्यायवाची मान बैठते हैं, और इस तरह सारी क्रान्किारी भंगिमा के बावजूद सहायता धर्मसत्ता की ही करते हैं। अध्यात्म पर धर्मसत्ता का एकाधिकार स्वीकार करके—धर्मेतर अध्यात्म की सम्भावना को सिरे से नकार करके।

धर्मसत्ता द्वारा समर्थित सामाजिक अन्यायतन्त्र की समाप्ति, सामाजिक सम्बन्धों का बुनियादी रूपान्तरण—मानव के मानवीय स्वभाव की पुनः प्राप्ति—यह एक बृहद् अनुष्ठान है। समकालीन राजनीतिक चुनौतियों के साथ-साथ मूलभूत दार्शनिक प्रश्नों से

भी जूझना इस अनुष्ठान की सफलता के लिए आवश्यक है। ये प्रश्न कठिन तो हैं ही, कुछ लोगों के हिसाब से व्यर्थ भी हैं। लेकिन जिनकी कल्पना अज्ञान के महिमामंडन पर नहीं, बल्कि गहरी जिज्ञासा पर आधारित हो, ऐसे लोग इन प्रश्नों से जूझते ही रहे हैं। धर्मसत्ता की कठोर आलोचना करने के साथ-साथ ही ऐसे लोग जानते रहे हैं कि धर्म हृदयहीन दुनिया का हृदय है; आत्माविहीन परिस्थिति की आत्मा है। इस तथ्य को जानने के कारण ही ऐसे लोग यह जिज्ञासा भी करते रहे हैं कि आखिरकार धर्म 'हृदयहीन दुनिया का हृदय' बन कैसे गया ? और यह भी कि इस 'हृदयहीन दुनिया के हृदय' की कोई सम्भावना धर्म के बाहर खोजी जा सकती है या नहीं ? जाहिर है कि यह सवाल तभी पूछा जा सकता है जबकि धर्म और अध्यात्म का अन्तर भी स्पष्ट हो और इन दोनों का अन्तस्सम्बन्ध भी।

1844 की 'आर्थिक और दार्शनिक पांडुलिपियों' में कार्लमार्क्स इस अन्तर और अन्तस्सम्बन्ध पर गहरी अन्तर्दृष्टि के साथ विचार करते हैं। वे मनुष्य की प्रजाति सत्ता को 'आध्यात्मिक; गैर-आवयविक' कहकर पशु की प्रजाति-सत्ता से अलगाते हैं; प्रकृति के साथ मनुष्य के सम्बन्ध की विशिष्टता को रेखांकित करते हैं। वे इस बुनियादी तथ्य को रेखांकित करते हैं कि आत्मसजग, स्वतःस्फूर्त शारीरिक और मानसिक गतिविधि ही मनुष्य को मनुष्य बनाती है। वे उस ऐतिहासिक विकास क्रम का दार्शनिक सार प्रस्तुत करते हैं, जिसके कारण मनुष्य की स्वतःस्फूर्त शारीरिक गतिविधि खरीदने-बेचने योग्य 'श्रम' में बदल जाती है; और उसकी मानसिक गतिविधि 'धर्म' में। इस बदलाव के ही कारण मनुष्य की गतिविधि अपने स्वभाव से विच्छिन्न हो जाती है—'वस्तु' में बदल जाती है। इस तरह, मार्क्स के शब्दों में, "विच्छिन्न श्रम मनुष्य की प्रजाति सत्ता को उसकी प्रकृति और उसकी आध्यात्मिक विशिष्टता को—स्वयं मनुष्य के लिए अजनबी बना देता है। वह इन प्रजातिगत विशिष्टताओं को मनुष्य के निजी अस्तित्व के साधन मात्र में तब्दील कर देता है। ऐसा विच्छिन्न श्रम मनुष्य के शरीर तक को पराया बना देता है--ठीक उसी तरह जैसे वह बाहरी प्रकृति और मनुष्य के आध्यात्मिक सार—उसके मनुष्यत्व को पराया बना देता है।" (इकॉनॉमिक ऐंड फिलॉसॉफिकल मैन्युस्क्रिप्ट्स 1844'—मास्को, 1961, पृ. 76)

मार्क्स की दृष्टि में मूलभूत समस्या इसी विच्छिन्नता से टकराने और इसके कारण उत्पन्न होनेवाले वस्तुकरण और परायापन को समाप्त करने की थी। इस दृष्टि की एक व्याख्या यह की गई कि चूँकि समस्या अन्ततः श्रम की विच्छिन्नता की है; इसलिए उत्पादन सम्बन्धों का पुनर्गठन और उनका धीरे-धीरे रूपान्तरण खुद ही सारे सवालों का हल कर देगा। इस व्याख्या में बल स्वाभाविक रूप से धर्म के ऐतिहासिक और उसकी विचारधारात्मक भूमिका पर रहा। धर्म को छद्मचेतना का एक रूप माना गया, जिसे सामाजिक सम्बन्धों के पुनर्गठन की प्रक्रिया धीरे-धीरे स्वयं ही व्यर्थ बना देगीं। इस व्याख्या की सफलता-असफलता का मूल्यांकन अलग मसला है, फिलहाल सवाल यह है कि धर्मसत्ता और मनुष्य की मूलभूत विशिष्टता—'आध्यात्मिक विशिष्टता' (स्प्रिच्युअल

स्पेसि प्रॉपर्टी) के बीच जो विवेक मार्क्स करते हैं—उस पर ध्यान देना जरूरी है या नहीं ? बात मार्क्स के कथनों को शास्त्र-वचनों की तरह उद्धृत करने की नहीं; उनके सरोकारों को समग्रता में समझने की है—ऐसी समझ को मूलभूत दार्शनिक प्रश्नों तथा समकालीन चुनौतियों–दोनों के सन्दर्भ में प्रस्थान बिन्दु बनाने की है।

इस लिहाज से, धर्मसत्ता को चुनौती देनेवाले धर्मनिरपेक्ष (सेकुलर) सोच के विकास को देखना रोचक होगा। धर्मसत्ता के विरुद्ध सेकुलर सोच के विकासक्रम के साथ अध्यात्मवाद (स्प्रिच्युअलिज्म) का कैसा सम्बन्ध रहा है ? इन अवधारणाओं के आशय किस प्रकार बदलते रहे हैं। आध्यात्मिकता को आधार बनाकर किस प्रकार के अध्यात्मवादी प्रस्ताव और आन्दोलन उत्पन्न हुए हैं ? इनमें किसकी नैतिक और वैचारिक स्थापनाएँ कैसी रही हैं ? सेकुलरिज्म की अवधारणा का विकासक्रम कैसा रहा है ? किन स्थितियों में इसका आशय सक्रिय रूप से धर्म का विरोध करने से लेकर सर्वधर्मसमभाव तक पहुँचा हैं ?

ये सवाल महत्त्वपूर्ण हैं। एकेडमिक लिहाज से भी, राजनीतिक दृष्टि से भी। इनके विभिन्न पहलुओं पर हम विस्तार से विचार करेंगे, फिलहाल इतिहासकार पीटर फानडेर फीर की नई पुस्तक की कुछ चर्चा करें। 'इम्पीरियल एनकाउंटर्स ('परमानेंटब्लैक,' नई दिल्ली, 2001) नामक इस पुस्तक में फानडेर फीर ने उन्नीसवीं सदी के ब्रिटेन और भारत में धर्म और आधुनिकता के अन्तस्सम्बन्धों पर तुलनात्मक विचार किया है। वे बताते हैं कि उन्नीसवीं सदी के ब्रिटेन में सेकुलरिज्म और स्प्रिच्युअलिज्म दोनों का साझा प्रतिपक्ष था—संगठित ईसाई धर्म। स्प्रिच्युअलिज्म में केवल 'उच्चतर' चिन्तन नहीं बल्कि प्रेतविद्या भी शामिल थी। रॉबर्ट ओवेन जैसे आरम्भिक 'यूटोपियन' (कल्पनाजीवी) समाजवादी प्लेंचेट के जरिए जेफरसन, फ्रैंकलिन और शेली की आत्माओं से संवाद भी किया करते थे ! चर्च द्वारा किए जानेवाले ज्ञान-विज्ञान और अध्यात्म पर एकाधिकार के दावों का एक प्रतिवाद सेकुलरिज्म के मुहावरे में व्यक्त हो रहा था तो दूसरा इस तरह के 'स्प्रिच्युअलिज्म' के मुहावरे में। इस मुहावरे में प्रेत-विद्या तक की उपस्थिति हास्यास्पद लग सकती है, लेकिन ज्यादा महत्त्वपूर्ण यह है कि यह उपस्थिति इस बात का संकेत करती थी कि आत्माओं तक पर नियन्त्रण के धर्म के दावों को रद्द किया जाए। अपने प्रिय और आदरणीय लोगों से सीधा संवाद स्थापित किया जाए—चर्च के प्रतिनिधियों की मध्यस्थता को नकारते हुए (स्वाभाविक रूप से ऐसे सीधे संवाद की सम्भावना पुरोहितों-प्रतिनिधियों को सन्तप्त कर देती थी)। उन्नीसवीं सदी के अध्यात्मवादी चर्च को और भी गहरी चुनौती दे रहे थे—दूसरे धर्मों की तुलना में ईसाइयत की समस्याएँ उजागर करके—और प्रेतात्मा से ही नहीं, परमात्मा से भी सीधे संवाद का दावा करके।

स्वाभाविक रूप से, इन अध्यात्मवादियों के साथ तत्कालीन सेकुलरिस्टों की सक्रिय सहानुभूति थी। फानडेर फीर का कहना है कि 'सेकुलरिज्म' शब्द गढ़नेवाले होलीओक स्प्रिच्युअलिस्ट अखबारों में कॉलम लिखा करते थे—और उनके सेकुलरिस्ट आन्दोलन में स्प्रिच्युअलिस्टों का स्वागत होता था। हालाँकि होलीओक स्वयं 'स्प्रिच्युअलिस्ट' नहीं थे।

अध्यात्मवादी प्रस्थान बिन्दु से धर्मसत्ता की आलोचना की परम्परा ब्रिटेन में उन्नीसवीं सदी से भी पीछे जाती है। ध्यान देने की बात यह है कि सत्रहवीं सदी से ही ऐसे अध्यात्मवादी समूहों का अता-पता मिलने लगता है जो धर्मसत्ता के विरुद्ध अध्यात्मवाद को रेखांकित करते थे। ऐसा ही एक समूह था—मगलटोनियन सम्प्रदाय—जिसका प्रभाव बीसवीं सदी तक लक्ष्य किया गया है। यहाँ तक कि मार्क्सवादी इतिहासकार ई.पी. थॉमसन 1968 के छात्र विद्रोह के दिनों में स्वयं को 'मगलटोनियन मार्क्सवादी' कहा करते थे। यह महत्त्वपूर्ण है कि धर्मसत्ता का विरोध करनेवाले इन अध्यात्मवादी समूहों के प्रवक्ता और नेता समाज के निम्नवर्गीय धरातलों से सम्बद्ध, औपचारिक शिक्षा से वंचित दस्तकार और छोटे-मोटे व्यापारी थे। ठीक उस तरह जैसे भारतीय समाज में निर्गुण भक्ति-संवेदना के जरिए श्रम, प्रेम और अध्यात्म की अविच्छिन्नता को रेखांकित करनेवाले लोग औपचारिक शिक्षा से वंचित, दस्तकार समूहों के थे।

इन रोचक तथ्यों का विश्लेषण करते हुए फानडेर फीर कहते हैं, "इस प्रकार, बहुत से लोगों की अपेक्षा के सर्वथा विपरीत सेकुलरिज्म ने श्रमिक वर्गों के बीच स्प्रिच्युअलिज्म के विकास के लिए उपजाऊ जमीन तैयार की।" (पृ. 63)

यह स्वाभाविक था, क्योंकि सेकुलरिज्म धर्मसत्ता के दावों को खारिज करने का आधार बन रहा था, तो स्प्रिच्युअलिज्म लोगों की उस आध्यात्मिक पिपासा की तृप्ति का माध्यम जिसके लिए उन्हें चर्च की धर्मसत्ता की ही शरण में जाना सिखाया गया था। लोग अपनी आध्यात्मिक पिपासा को पूरी तरह भूल जाएँ या फिर उसके लिए सिर्फ समाजसत्ता द्वारा 'स्वीकृत' धर्मसत्ता पर निर्भर करें—उन्नीसवीं सदी में स्प्रिच्युलिज्म' ने इस अन्धी गली से निकलने का एक रास्ता उपलब्ध कराया—बावजूद प्रेतविद्या के !

प्रेतविद्या की हम निस्सन्देह उपेक्षा कर सकते हैं—लेकिन क्या उस पिपासा की उपेक्षा करना उचित है—जिसकी तृप्ति पर धर्मसत्ता के एकाधिकार का प्रतिवाद करने के लिए लोग 'स्प्रिच्युअलिज्म' की ओर गए—और आज भी जा रहे हैं।

9 नवम्बर, 2003

धर्म, आध्यात्मिकता और मार्क्सवाद

कोई तीन बरस पहले प्रो. मैनेजर पांडेय ने एक बहुत ही विचारोत्तेजक निबन्ध की ओर मेरा ध्यान खींचा। इस निबन्ध के लेखक थे—जॉन ब्रेंटलिंगर, और शीर्षक था, 'आध्यात्मिकता का क्रान्तिकरण : धर्म और मार्क्सवाद पर कुछ विचार।' यह लेख वामपन्थी बौद्धिकों के बीच अत्यन्त सम्मानित पत्रिका 'साइंस एंड सोसायटी' के ग्रीष्म, 2000 के अंक में छपा था। ब्रेंटलिंगर की मूल स्थापना है कि आध्यात्मिकता की वैकल्पिक अवधारणा न केवल सम्भव, बल्कि वांछनीय भी है। मार्क्सवादियों के लिए भी, और उनके लिए भी जो धर्म से अपना जीवन-सार प्राप्त करते हैं। ऐसी वैकल्पिक अवधारणा को ब्रेंटलिंगर 'आध्यात्मिकता की भौतिकतावादी अवधारणा' कहते हैं। ठेठ मार्क्सवादी दार्शनिकता में अपने तर्क को स्थापित करते हुए ब्रेंटलिंगर 'फायरबाख सम्बन्धी थीसिस' से मार्क्स को उद्धृत करते हैं :

"अब तक के भौतिकवाद की सबसे बड़ी खामी यह है कि...यथार्थ (रियलिटी) की कल्पना केवल वस्तु (ऑब्जेक्ट) के रूप में की जाती रही...मानव की ऐन्द्रिक गतिविधि के रूप में नहीं, व्यवहार के रूप में नहीं, आत्मसत्ता (सब्जेक्टिविटी) के रूप में नहीं। इसीलिए ऐसा हुआ है कि सक्रिय पक्ष का विकास भौतिकवाद की ओर से नहीं, बल्कि उसके विपरीत भाववाद (आइडियलिज्म) की ओर से किया गया—लेकिन जाहिर है कि यह विकास अमूर्त्त रूप से ही हो सकता था क्योंकि भाववाद वास्तविक ऐन्द्रिक गतिविधि को पहचानता ही नहीं।..."

इस कथन पर जॉन ब्रेंटलिंगर की अपनी टिप्पणी है : "इस कथन से जाहिर है कि मार्क्सवादी भौतिकवाद उस तरह से भाववाद के विरुद्ध नहीं है, जैसे कि प्राचीन भौतिकवाद के विविध रूप रहे हैं। मार्क्सवादी भौतिकतावाद उस केन्द्रीय विचार या यथार्थ को अपनाता है—जिसे भाववाद ने स्वीकार किया—और वह है—सर्जनात्मक गतिविधि ! स्प्रिट (जीस्ट) की हीगेलीय अवधारणा ! और मार्क्सवादी भौतिकवाद इस केन्द्रीय विचार—इस सर्जनात्मक गतिविधि को इसकी वास्तविक स्थिति प्रदान करता है। वह वास्तविक स्थिति है—प्राकृतिक, ऐन्द्रिक गतिविधि की स्थिति।" (पृ. 179)

ब्रेंटलिंगर की टिप्पणी तुरन्त 1844 की पांडुलिपियों की ओर ध्यान ले जाती है—जहाँ मार्क्स मनुष्य की श्रम गतिविधि और उसकी सर्जनात्मक कल्पना की चर्चा कर रहे थे ! उन पांडुलिपियों के तर्क की मूल चिन्ता यही तो थी कि जिन दो गतिविधियों

के कारण मनुष्य मनुष्य है—उन दोनों को उससे विच्छिन्न कर दिया गया है। श्रम और सर्जनात्मक कल्पना दोनों ही मनुष्य की प्रजाति सत्ता को परिभाषित करनेवाले तत्त्व हैं—दोनों ही को परायी वस्तुओं में बदल दिया जाता है। मनुष्य का आध्यात्मिक सार विच्छिन्न होकर धर्म का रूप ले लेता है, और उसकी स्वतःस्फूर्त शारीरिक गतिविधि खरीदने-बेचने योग्य 'श्रम' में बदल जाती है।

ये दोनों विच्छिन्नताएँ परस्पर सम्बन्धित हैं; इसलिए इनकी समाप्ति का प्रयत्न भी परस्पर सम्बद्ध होना चाहिए। तर्कसंगत बात तो यही है। मार्क्सवादी विचार परम्परा ने 'विच्छिन्नता' के आध्यात्मिक पहलू की उपेक्षा क्योंकर की ? यह गम्भीर और चिन्ताजनक प्रश्न है। ब्रेंटलिंगर इस पर भी विचार करते हैं। उनके द्वारा किए गए विचार पर विचार हम फिर कभी करेंगे—फिलहाल 'फायरबाख थीसिस' की ओर ही लौटें। मार्क्स के कथन पर ब्रेंटलिंगर की टिप्पणी अत्यधिक महत्त्वपूर्ण है। इस टिप्पणी की दार्शनिक जटिलता के बावजूद जो बात किसी भी संवेदनशील व्यक्ति को सहज ही समझ आ सकती है, वह यह है कि वस्तुतः दार्शनिक धरातल पर विरोध भौतिकवाद और आध्यात्मिकता के बीच नहीं, बल्कि भौतिकवाद और भाववाद के बीच है। इससे भी ज्यादा महत्त्वपूर्ण यह कि स्वयं मार्क्स का कथन 'प्राचीन' भौतिकवाद की उस सीमा की ओर संकेत करता है, जिससे कि 'अब तक के' बाद के भौतिकवाद (मार्क्सवादी भौतिकवाद) को मुक्त होना चाहिए ! यथार्थ की कल्पना केवल वस्तु के रूप में नहीं, ऐन्द्रिक गतिविधि, व्यवहार और आत्मसत्ता के रूप में भी करनी चाहिए। ऐसी कल्पना के अभाव के कारण ही यथार्थ के सक्रिय पक्ष का विकास भाववाद ने किया—भौतिकवाद ने नहीं। दूसरे शब्दों में, मनुष्य की 'आध्यात्मिक प्रजाति सत्ता' की अवधारणा विकसित करने का काम भाववाद ने पूरी तरह अपना लिया और 'अब तक के' भौतिकवाद ने पूरी तरह छोड़ दिया। इसीलिए ब्रेंटलिंगर का आग्रह है कि आध्यात्मिकता की भौतिकवादी अवधारणा की सम्भावनाएँ टटोली जाएँ—और ये सम्भावनाएँ उन्हें भौतिकवाद के मार्क्स द्वारा प्रस्तुत आख्यान में नजर आती हैं।

आध्यात्मिकता की भौतिकवादी सम्भावनाएँ टटोलने के जरूरी काम का एक नतीजा तो बड़ा प्रत्यक्ष है। आध्यात्मिकता पर संगठित धर्म और धर्मगुरुओं का एकाधिकार मान लिया गया है। जिस तरह कुछ लोग चिकित्साशास्त्र के विशेषज्ञ होते हैं, उसी तरह कुछ लोग अध्यात्म के विशेषज्ञ मान लिए गए हैं। फर्क यह है कि चिकित्साशास्त्र की विशेषज्ञता प्राप्त करनी होती है, अध्यात्म की विशेषज्ञता प्राप्त करने के लिए 'धर्मगुरु' होना ही पर्याप्त बल्कि अनिवार्य मान लिया जाता है। विडम्बना यह है कि स्वयं ब्रेंटलिंगर कहीं-कहीं इसी भ्रान्ति के शिकार हो जाते हैं—और आध्यात्मिकता तथा धार्मिकता के बीच जरूरी फर्क करना भूल जाते हैं। लेकिन, इस सीमा के बावजूद उनकी मूल बात में दम है—अध्यात्म पर भाववादी प्रणाली के एकाधिकार की स्वीकृति स्वयं भौतिकवादी कल्पना की दरिद्रता का प्रमाण है।

इस प्रसंग में, शब्दों और अवधारणाओं के विषय में कुछ बातें साफ रहनी चाहिए।

दार्शनिक शब्दावली में भौतिकवाद का आशय 'खाओ-पियो मौज करो' वाले रवैए से नहीं लिया जाता। भौतिकवाद का आशय है—अस्तित्व में मूलभूत सत्ता भूत (पदार्थ-मैटर) की मानने से। भाववाद के साथ भौतिकवाद का मूल विवाद इसी प्रश्न पर है : अस्तित्व की मूलभूत सत्ता स्वयं सम्पूर्ण 'चेतना' (या 'भाव'-आइडिया) है या पदार्थ—जिसका विकास ही 'भाव' के आविर्भाव को सम्भव करता है। 'फायरबाख थीसिस' में मार्क्स का कथन और उस पर ब्रेंटलिंगर की टिप्पणी इसीलिए महत्त्वपूर्ण है क्योंकि यहाँ मूलभूत सत्ता 'पदार्थ' की मानते हुए भी सवाल उठाया जा रहा है कि पदार्थ क्या सिर्फ 'वस्तु' के रूप में देखा जाए या 'ऐन्द्रिक गतिविधि, व्यवहार और आत्मसत्ता' के रूप में भी ?

सवाल सचमुच टेढ़ा है—दार्शनिक और व्यावहारिक दोनों धरातलों पर। यदि चेतना की प्राथमिकता स्वीकार करें—तो इस स्वीकृति का एक नतीजा जगत के प्रपंच से अलग 'शुद्ध' भाव को भी स्वीकार करना हो सकता है। ऐसे स्वीकार की परिणति ईश्वरवाद के विभिन्न रूपों और उनसे जुड़ी जीवन-दृष्टियों को स्वीकार करने में भी हो सकती है। और फिर, व्यावहारिक धरातल पर समस्या आती है—सचेत परिवर्तन को ईश्वरीय इच्छा में हस्तक्षेप मानने की। सामाजिक रूपान्तरण या क्रान्ति के प्रश्नों को ईश्वर के विरुद्ध विद्रोह मानने की। जाहिर है कि ऐसी स्थिति में मार्क्सवादी भौतिकवादी स्वयं को ईश्वरवादियों और आध्यात्मिकता की ओर उन्मुख लोगों के विरोध में ही देख सकते हैं।

यहाँ दो सवाल उठते हैं एक तो यह कि कुछ संगठित धर्म भी ऐसे हैं जो ईश्वर की सत्ता को स्वीकार ही नहीं करते—मसलन बौद्ध धर्म और जैन धर्म। लेकिन ऐसे धर्म अध्यात्म के सवालों को तो रद्द नहीं करते। मतलब यह कि ईश्वरवाद और अध्यात्मवाद को पर्यायवाची मानना भ्रामक है। भ्रम-चाहे जिस तरह के हों, उन्हें आस्था के प्रश्न बनाने की बजाय उन्हें दूर करने का प्रयत्न करना चाहिए ! दूसरी बात यह कि ईसाइयत और इस्लाम जैसी आग्रहपूर्ण ईश्वरवादी परम्पराओं में भी साामजिक संगठन के रूप में धर्मसत्ता से जिरह की जाती रही है।

असल में, मार्क्सवादी परम्परा की एक विशेषता (और सीमा भी) यह रही है कि उसमें धर्म और अध्यात्म के सवालों से जूझने का सन्दर्भ ईसाई, यहूदी और इस्लामी एकेश्वरवाद रहा है। बहुदेववादी विचार-सन्दर्भ में (मिसाल के तौर पर भारत में) इन सवालों पर कुछ अलग ढंग से विचार करने की भी सम्भावना बनती है—इस पर बहुत ध्यान नहीं दिया गया है। जिन लोगों ने ध्यान दिया (मसलन सहजानन्द सरस्वती)—उनकी मार्क्सवादी विचार की मुख्यधारा ने उपेक्षा ही की है। खैर, यह तो एक अलग ही विषय है।

यूरोप के ईसाई धर्म-सन्दर्भ में, दूसरे महायुद्ध के बाद तोगियाती, गारोदी और सान्तियागो अलवारेज जैसे कम्युनिस्ट नेताओं ने कम्युनिस्ट आन्दोलन की धर्म-विरोधी छवि को बदला। 'धर्म की उपेक्षा' करने के अर्थ में नहीं, बल्कि धर्मविश्वासी रोमन कैथॉलिकों तक को कम्युनिस्ट पार्टी के सदस्य बनने की छूट देकर। रोमन कैथॉलिक चर्च के प्रतिरोध के बावजूद मार्क्सवादियों और ईसाइयों में संवाद आरम्भ हुआ। जहाँ एक

ओर चर्च ने कम्युनिस्ट पार्टियों के सदस्य बननेवाले ईसाइयों को धर्मनिकाला दे दिया—वहीं दूसरी ओर चर्च के भीतर ही बाइबिल को नए सिरे से पढ़ने का आन्दोलन जोर पकड़ने लगा। जिस ईश्वरीय राज्य के यूटोपिया का वादा बाइबिल में किया गया है, वह यहाँ, इसी धरती पर सम्भव है—इस आग्रह को मूल मन्त्र बनाकर मुक्तिकामी धर्मशास्त्र (लिबरेशन थियॉलॉजी) का विकास किया गया। इस लिबरेशन थियॉलॉजी का सबसे सफल और व्यावहारिक रूप दक्षिणी अमेरिका—खासकर—निकारागुआ में देखने को मिला। जॉन ब्रेंटलिंगर अपने निबन्ध के शीर्षक में इसी घटना की ओर संकेत करते हैं : आध्यात्मिकता का क्रान्तिकारी रूपान्तरण !

यह स्पष्ट है कि ऐसे प्रयत्नों की अपनी समस्याएँ हैं—किन सार्थक प्रयत्नों की नहीं होतीं? लेकिन इनकी दिशा निश्चय ही प्रेरणाप्रद है—विचार और कर्म के धरातल पर प्रेरणाप्रद। वास्तव में तो जरूरत अध्यात्म ही की सम्भावनाएँ धर्म के बाहर खोजने की है। धर्मेतर अध्यात्म को सम्भव करने की है—तभी आध्यात्मिकता का सचमुच क्रान्तिकारी रूपान्तरण हो सकेगा। और दूसरी ओर मार्क्सवादी भौतिकवाद अब तक के भौतिकवाद की भूल दोहराने से भी बचेगा—अध्यात्म और भाववाद को पर्यायवाची मानने की भूल !

सच तो यह है कि दार्शनिक विचार के धरातल पर नए सवाल पूछने की जरूरत है—या कहें कि 'शाश्वत' प्रश्नों को नए ढंग से पूछने की, और नए उत्तर खोजने की जरूरत है। भाववाद और भौतिकवाद जिस 'यथार्थ' का वर्णन करते हैं; उसके रूप का बोध क्या सम्भव है ? यदि हाँ, तो क्या वह बोध उपलब्ध वर्णनों में समा जाता है ? जिस तरह की समस्या भाववाद और आध्यात्मिकता को पर्यायवाची मानने में निहित है—क्या वैसी ही समस्या आध्यात्मिकता और नैतिकता के प्रसंग में सामने नहीं आती ? दूसरे शब्दों में, क्या आध्यात्मिक अवस्था एक नैतिक अवस्था भी है ? या फिर नैतिक अवस्था की साधना एक स्वायत्त साधना है ?

ये प्रश्न अमूर्त्त लग सकते हैं—लेकिन क्या ऐसे 'अमूर्त' प्रश्नों का सच्चा सामना किए बिना 'ठोस' धरातल पर मुक्तिकामी विमर्श का विकास सचमुच सम्भव है ?

सब सवालों का एक सवाल तो यही है !

23 नवम्बर, 2003

अटलांटा की तीर्थयात्रा

चौबीस नवम्बर की सुबह। पिछले पाँच दिनों से मौसम अनपेक्षित रूप से चमकीला रहा है। साल के इन दिनों में अटलांटा के लोग ऐसी चमकीली धूप की उम्मीद नहीं करते, ये तो रिमझिम के दिन हैं। अमेरिका के उत्तरी हिस्सों में तो बर्फ पड़नी शुरू भी हो गई—लेकिन यहाँ इस दक्षिणी राज्य जॉर्जिया के महानगर अटलांटा में धूप चमक रही है--पिछले पाँच दिनों से। आज चौबीस नवम्बर को जैसे प्रकृति ने भूल-सुधार किया—तड़के से ही हलकी-हलकी बूँदें पड़ रही हैं। बीच-बीच में बौछारें भी। जो हो, किंग सेंटर तो जाना ही है।

कई महीने पहले जब अमेरिकन अकेडमी ऑफ रिलीजन की सालाना बैठक में शामिल होने, पर्चा पढ़ने का निमन्त्रण मिला था—तभी से उत्सुकता के साथ-साथ मन में तीर्थयात्री की सी श्रद्धा भी व्यापती रही है। उत्सुकता समानधर्मा अध्येताओं के साथ मुलाकातों की और श्रद्धा मार्टिन लूथर किंग (जूनियर) की जन्मस्थली-कर्मस्थली की यात्रा कर पाने के अवसर की। वह अवसर आज सामने है। कबीर की कविताओं का श्रेष्ठतम अंग्रेजी अनुवाद करनेवाली, कबीर की समर्पित अध्येता लिंडा हैस साथ हैं। हम लोग मार्टिन लूथर किंग सेंटर जा रहे हैं। सेंटर माने उन कई भवनों का संकुल—जिनसे किंग का सम्बन्ध था; उनका चर्च, उनका घर, दूसरे चर्च, संग्रहालय। उस इमारत की दीवार पर ही लिखे हैं किंग की प्रसिद्ध 'आई हैव ए ड्रीम' स्पीच के ये शब्द : "मैं सपना देखता हूँ कि एक दिन मेरे चार नन्हें-मुन्नों की परख उनके रंग के आधार पर नहीं, उनके चरित्र के आधार पर की जाएगी।" यह विश्वविख्यात भाषण मार्टिन लूथर किंग ने 28 अगस्त, 1963 को वाशिंगटन में ढाई लाख लोगों की सभा में दिया था। संग्रहालय में इस भाषण का टेप चल रहा था—लिंडा को रोमांच हो आया—जो उनकी आँखों के पानी में झलक रहा था—"पता है, पुरुषोत्तम ! मैं थी वहाँ...उन लाखों लोगों में एक—किंग का सपना सुनती हुई, देखती हुई।"

संग्रहालय के स्वागत कक्ष में एक अद्भुत पेंटिंग थी—स्वागती की टेबल के ऐन ऊपर। महात्मा गांधी और मार्टिन लूथर किंग दोनों एक साथ। पेंटर ने जैसे इतिहास के तथ्य की उपेक्षा कर उसके नैतिक सत्य को सजीव कर दिया था। क्या हुआ जो ये दोनों अहिंसा साधक कभी एक-दूसरे से नहीं मिले—वे थे तो एक ही राह के राही। गांधीजी की ऐसी दूसरी तस्वीर मैंने नहीं देखी—इसमें वे किंग की ही तरह अश्वेत—नीग्रो

(!)—दिखते हैं, और कुछ ऐसा है रेखांकन में कि बरबस मेरे मुँह से निकला—"ही लुक्स लाइक ऐन एंग्री ब्लैक मैन।" क्रुद्ध अश्वेत के रूप में गांधी !

मार्टिन लूथर किंग का जन्म 15 जनवरी, 1920 को अटलांटा में हुआ था। सीनियर किंग पादरी थे, और उनके यशस्वी पुत्र का पादरी बनना भी तय ही था। उन्होंने बाकायदा धर्मशास्त्र का अध्ययन किया और बोस्टन यूनिवर्सिटी से थ्योलॉजी के पी.एच-डी. होकर लौटे। 1954 में वे पादरी नियुक्त हुए। अगले ही साल, बीसवीं सदी के अमेरिकी इतिहास की वह यादगार घटना घटी। रोज़ा पार्क नामक अश्वेत महिला ने रंगभेद के विरुद्ध एक छोटा-सा विद्रोह कर दिया—इस छोटे-से विद्रोह ने अमेरिका के दक्षिणी राज्यों में चले आ रहे रंगभेद को अमेरिकी लोकतन्त्र पर सबसे बड़े प्रश्नवाचक में बदल डाला। रोज़ा पार्क ने सिटी बस में, अश्वेतों के लिए आरक्षित पिछले हिस्से में बैठने से इनकार कर दिया था—इस इनकार ने नागरिकों के समानाधिकार आन्दोलन के बहुत प्रचंड आन्दोलन की जरूरत को पुरजोर ढंग से रेखांकित कर दिया।

उन्नीसवीं सदी में, अब्राहम लिंकन ने दासता को एक व्यापारिक संस्था के रूप में तो समाप्त कर दिया था; दासों की खरीद-बिक्री पर तो रोक लगा दी थी; लेकिन नस्ल और रंग पर आधारित भेद-भाव और सामाजिक अन्याय जारी रहा। अमेरिका के दक्षिणी राज्यों में तो इस नस्ल भेद की शक्ल बहुत ही बदसूरत थी। छिट-पुट विरोध भी होता रहता था—लेकिन रंगभेद को सामाजिक स्वीकृति ही नहीं, कानूनी मान्यता भी प्राप्त थी। बस में, अश्वेतों के लिए अलग किए गए पिछले हिस्से में जाने से इनकार करके रोज़ा पार्क ने इस स्वीकृति और मान्यता को चुनौती दे डाली।

रोज़ा पार्क के इस इनकार से जो आन्दोलन उत्पन्न हुआ, मार्टिन लूथर किंग जल्दी ही उसकी अगली कतार में आ गए। नस्लभेद विरोधी आन्दोलन के ही नहीं, समता और न्याय के विश्वव्यापी आन्दोलन के प्रवक्ताओं में भी उनकी गिनती पहली पाँत में होने लगी। उनके समर्थकों और विरोधियों को जो बात सबसे अजीब लगी—वह थी अहिंसा पर उनकी अडिग आस्था। जॉन एच. फ्रैंकलिन का कहना है, "अहिंसा में किंग का विश्वास शायद पहले से ही था, लेकिन 1957 में उनकी भारत यात्रा और जवाहरलाल नेहरू से उनकी मुलाकात ने इस आस्था को अडिग निश्चय का रूप दे दिया।"

किंग की मृत्यु के लगभग पैंतीस साल बाद, आज यह कहना गलत न होगा कि अहिंसा सचमुच न केवल जनान्दोलन के लिए सहायक रणनीति, बल्कि वास्तविक परिवर्तन की शर्त भी है। गांधीजी को लगभग शब्दशः प्रतिध्वनित करते हुए किंग ने अपने अन्तिम भाषण में जो सच्चाई बयान की, उस पर आज शायद उतनी बहस न हो जितनी कि पैंतीस साल पहले हुई थी। किंग ने कहा, "बरसों से हम मनुष्य युद्ध और शान्ति की बातें करते आए हैं, लेकिन अब सिर्फ बातों से नहीं चलेगा। अब दुनिया के सामने मसला अहिंसा या हिंसा के बीच चुनाव करने का नहीं, बल्कि अहिंसा या सर्वनाश (नॉन वायलेंस ऑर नॉन एग्जिस्टेंस) के बीच चुनाव करने का है।" दो टूक शब्दों में बयान की गई यह सच्चाई केवल किंग सेंटर के कोने-कोने में ही नहीं, दुनिया-भर

के कोने-कोने में उकेरी गई, गूँजती हुई प्रतीत होती है–अहिंसा या सर्वनाश !

अहिंसा के रास्ते की मुश्किलें और मोहभंग किंग के आन्दोलन को भी झेलने पड़े। अहिंसा और हृदय-परिवर्तन का रास्ता सदा सफलता की ओर नहीं जाता। भारत का विभाजन और उसके साथ हुई हिंसा इसका विकट प्रमाण है। नस्लभेद विरोधी आन्दोलन की अहिंसात्मक रणनीति के सामने भी समस्याएँ आईं। 1966 में किंग की शिकागो यात्रा बहुत कामयाब नहीं रही–सिविल नाफरमानी की रणनीति बहुत से श्वेतों का हृदय परिवर्तन करने की बजाय, उनके हिंसक क्रोध को और भी बढ़ाने लगी। स्वयं अश्वेतों में अहिंसा को लेकर असन्तोष पहले से था, वह भी अभिव्यक्त होने लगा।

हिंसा-अहिंसा की समस्या अन्ततः नैतिकता की समस्या है–और इसीलिए इसके सन्दर्भ में गम्भीर विमर्श और खुला संवाद जरूरी है। व्यवस्था में अन्तर्निहित, अव्यक्त हिंसा का सामना क्या सचमुच हृदय-परिवर्तन पर भरोसा करके किया जा सकता है ? मनुष्य के स्वभाव की दृष्टि से देखें तो क्या आक्रामकता भी उसका वैसा ही अंश नहीं, जैसा कि करुणा ? असली समस्या क्या शक्ति की नहीं ? क्या हिंसा शक्ति की ही एक अभिव्यक्ति नहीं ? और क्या शक्ति की साधना मनुष्य का स्वभाव नहीं ?

यह वाजिब प्रश्न है। इसी मूल प्रश्न से आरम्भ कर नीत्शे ने ईसाइयत को 'सेंटीमेंटल' कहकर रद्द कर दिया था। सवाल वाजिब है–लेकिन क्या नीत्शे का और उनसे प्रभावित बहुत से विचारकों का खोजा गया जवाब भी वाजिब है ? आक्रमकता–माना कि मनुष्य की प्रकृति का अंग है तो क्या उसे मानवीय संस्कृति का आधार भी होना चाहिए ? सच पूछें तो सही सवाल यही है। क्या हम मनुष्य सिर्फ प्रकृति का विकास भर हैं या संस्कृति का परिणाम भी ? और परिवर्तन की, या अपनी बात कहने की जो विधि हिंसा के रास्ते गुजरती है, क्या वह किंग की इस चेतावनी की उपेक्षा कर सकती है : 'अहिंसा या सर्वनाश !' परिवर्तन का जो स्वप्न हिंसा पर ही आधारित हो, वह क्या सचमुच दूरगामी परिवर्तन को सम्भव कर सकता है ? गांधी और किंग के सामने इस प्रश्न का उत्तर स्पष्ट था–सारे खतरों और सारी असफलताओं के बावजूद। उनके स्वप्न का आधार था–अहिंसा में अडिग विश्वास !

हमारा समय स्वप्नहीनता का समय है–फिर भी लोगों के अपने छोटे-छोटे सपने तो हैं ही। उन सपनों में क्या नैतिक है, क्या अनैतिक ? हिंसा और अहिंसा अथवा अहिंसा और सर्वनाश के चुनावों में किस चुनाव के साथ जाते हैं हमारे सपने ? यह सवाल हमारे लिए है और हममें से हरेक को इसका जवाब खुद ही तलाशना होगा–खुद ही तराशना होगा। जिन्होंने अपने जवाब तलाशे और जिए, उनसे संवाद करके हम सीख सकते हैं, लेकिन जूझना तो खुद ही होगा।

गांधीजी की तरह किंग भी गहरे धार्मिक व्यक्ति थे। गांधीजी की तरह वे धर्मविश्वास का सिर्फ 'मुहावरे की तरह उपयोग' नहीं करते थे, उसे जीते थे। उनके लिए धर्म एक प्रदत्त सत्य था, लेकिन उस सत्य से संवाद करने का तेजस्वी ढंग उनके धर्मविश्वास को नया अर्थ दे देता है वे बिना कोई घोषणा किए, अन्यायपूर्ण व्यवस्था का

समर्थन करती धर्मसत्ता से जा टकराते हैं। धर्म द्वारा किए जानेवाले दावों को, आध्यात्मिक तृप्ति के वादों को वे एक नई जमीन पर ले जाते हैं। धर्म अगर सचमुच प्रेम करना सिखाता है, वैर पालना नहीं, तो यह प्रेम केवल अपने या अपने जैसों के प्रति कैसे सीमित हो सकता है ? आत्म की कोई भी अभिव्यक्ति अन्य के प्रति वैर या विद्वेष पर कैसे आधारित हो सकती है ?

वहाँ किंग सेटर में किंग की शिकागो यात्रा की फ़िल्म दिखाई जा रही है। एक श्वेत युवती किंग को गाली दे रही है—किंग उसकी ओर बढ़ते हैं—"तुम्हारे जैसी सुन्दरी युवती, तुम्हारे जैसी सुसंस्कृत युवती ऐसी भद्दी जुबान कैसे बोल सकती है ? तुम बात करो न मुझसे—गाली क्यों ?—वह युवती अब शरमाती हुई किंग से हाथ मिला रही है। किंग के होंठों पर मुस्कान है—और यह फ़िल्म देखनेवालों की आँखों में...।

किंग अन्तिम बार 3 अप्रैल, 1968 के दिन टेनेसी में बोले। दूसरे ही दिन उन्हें गोली मार दी गई। आत्मविश्वास और आस्था का अद्भुत दस्तावेज है किंग का यह अन्तिम भाषण—'आई हैव बीन टू माउंटेन टॉप।' पर्वत शिखर से देखा है मैंने—परमात्मा ने दिखाया है मुझे—एक दिन हम पहुँचेंगे उस 'प्रॉमिस्ड लैंड' में जहाँ लोगों की परख उनके जन्म से नहीं, उनके कर्म से होगी—'भले ही मैं साथ न होऊँ।' और दूसरे ही दिन...।

किंग ने अपनी भारतयात्रा के दौरान कहा था, "दिल्ली आया हूँ यात्री की तरह, गुजरात जाऊँगा तीर्थयात्री की तरह।" यह 1957 की बात है। तब मार्टिन लूथर किंग के लिए गांधी का जन्मप्रदेश तीर्थस्थल था—आज के गुजरात में हिंसा से पीड़ित लोगों को साबरमती आश्रम तक में शरण नहीं मिल पाती। संग्रहालय के गांधी-कक्ष से गुजरते हुए बार-बार किंग की कही यह बात याद आती रही। लिंडा हैस को याद दिलाया किंग का यह कथन और हम दोनों के ही शब्द जैसे कुछ देर के लिए चुक गए।

संग्रहालय की श्रद्धांजलि पुस्तिका में पैट्रिस मैतियर नाम के किसी यात्री की श्रद्धांजलि है—जो हम से बस दो ही दिन पहले बाईस तारीख को वहाँ आया था। इस श्रद्धांजलि में न केवल इस अश्वेत तीर्थयात्री की निजी श्रद्धा है, बल्कि किंग के कारण जो फर्क आया, उसका लाजवाब मूल्यांकन भी। पैट्रिस ने लिखा है, 'डॉ किंग, जो कुछ आज हूँ, आप ही के कारण। मेरी सबसे अच्छी दोस्त श्वेत है, और जो हालत आपके समय में थी, वैसे आज होती तो मैं उसे पास भी न फटकने देता। जो कुछ आपने किया, उसके लिए आभार। मुझे खुशी है कि आज मैं अलग-अलग नस्लों के लोगों से मिल सकता हूँ। यह एक नया ही तजुर्बा है सीखने का। बस और क्या कहूँ, सिवा इसके कि आपसे प्यार है और आपकी बहुत याद आती है।'

तीर्थ का शाब्दिक अर्थ है—जलस्थल। जल के साथ पवित्रीकरण का सम्बन्ध मनुष्य की कल्पना ने हजारों साल पहले जोड़ा था। सेमेटिक धार्मिक परम्परा में तो इस सम्बन्ध का अपना विशिष्ट ऐतिहासिक अर्थ था—जेरुसलम के प्राचीन मन्दिर में उपासक पवित्रता प्राप्त करते थे बलिपशु के रक्त से। जॉन द बैपटिस्ट अपने शिष्यों को

बपतिस्मा—पवित्रीकरण—प्रदान करते थे—जल-से। यह एक नई धर्मदृष्टि का, एक नई पवित्रता का प्रस्ताव था। नजारथ के अशान्तचित्त युवक जीसस को जॉन ने नदी के जल से ही बपतिस्मा दिया था। यह बात और है कि बाद में जीसस के चर्च ने 'पवित्रता' के लिए न जाने कितने मनुष्यों का रक्त बहाया ! बहरहाल, तीर्थयात्रा का अर्थ है जल के सम्पर्क से पवित्र होना ! रक्त की बजाय जल से बपतिस्पा लेना।

डॉ. मार्टिन लूथर किंग जूनियर की तस्वीरों, मुद्राओं, भंगिमाओं और शब्दों के बीच से गुजरते, 'आई हैव ए ड्रीम' स्पीच की श्रोता लिंड हैस के पवित्र रोमांच को छूते, पैट्रिस मेतियर के मार्मिक शब्दों को पढ़ते, क्रुद्ध अश्वेत के रूप में उकेरे गए गांधी को देखते जो पानी अनजाने ही आँखों में भरने लगा था—वह पवित्र के पास होने की कृतज्ञता का जल था। बपतिस्मा का जल। तीर्थ का जल।

7 दिसम्बर, 2003

खुले आकाश के नीचे जमीन का स्वच्छ टुकड़ा

नागपुर के पास एक छोटा-सा शहर-वर्धा। इसी की सीमा पर है—सेगाँव—जिसके नाम को बस जरा-सा बदलकर बना दिया गया 'सेवाग्राम'। यहाँ स्थित आश्रम का 'टूरिस्ट महत्त्व' (!) तो खैर है ही—गांधीजी से जुड़ी किस जगह का नहीं है ? लेकिन कुछ लोगों के लिए सेवाग्राम अभी भी 'टूरिस्ट अट्रैक्शन' से अधिक कुछ है—पवित्रता के पास होने की एक सम्भावना है।

गांधीजी की अपनी कुटिया तो वहाँ है ही और छोटी-छोटी कुटियाएँ हैं। यहीं से चलता था गांधीजी का सारा दफ्तर, राष्ट्रीय आन्दोलन का सारा नेतृत्व। इन्हीं सबके बीच है—परचुरेजी की कुटिया। परचुरेजी गांधीजी की देख-रेख में चिकित्सा करा रहे थे—कुष्ठ रोग की, और उनकी सेवा गांधीजी स्वयं करते थे। यह सेवा गांधीजी के धर्म विश्वास का एक रूप ही थी—व्यवहारिक रूप। वैसे ही जैसे गांधीजी की प्रार्थना उनके धर्म विश्वास का व्यावहारिक रूप थी।

सेवाग्राम में एक घने वृक्ष के नीचे प्रार्थना की जगह है। अभी भी, सुबह-शाम आश्रमवासी वहाँ प्रार्थना करते हैं। प्रार्थना की इस जगह के पास, एक बोर्ड पर लिखा है गांधीजी का यह वाक्य : 'प्रार्थना के लिए खुले आकाश के नीचे जमीन का छोटा-सा स्वच्छ टुकड़ा सबसे अच्छा, क्योंकि उस तक गरीब-से-गरीब आदमी की पहुँच है।'

इस वाक्य के शब्द ज्यों-के-त्यों दोहराने का दावा मैं नहीं कर सकता, याददाश्त के आधार पर दोहरा रहा हूँ। पिछले बरस महात्मा गांधी अन्तर्राष्ट्रीय हिन्दी विश्वविद्यालय के एम.ए. (अहिंसा) और एम.ए. (साहित्य) के छात्र-छात्राओं को कुछ व्याख्यान देने गया था, तभी की याददाश्त के आधार पर। दो बार पहले भी वर्धा जाने का अवसर मिला था; एक बार तो कोई तीस बरस पहले—ग्वालियर यूनिवर्सिटी के छात्र के तौर पर। तब इस वाक्य ने मन पर कोई प्रभाव नहीं छोड़ा था—लेकिन पिछली दो यात्राओं में यह वाक्य दिलो दिमाग में बस गया।

मुझे नहीं लगता कि संगठित धर्म, उसके सत्तातन्त्र और उसकी प्रविधियों की ऐसी विनम्र, मार्मिक और आन्तरिक आलोचना किसी अन्य आधुनिक विचारक ने की है। यह कोई तार्किक या बौद्धिक आलोचना न होकर ऐसे व्यक्ति द्वारा की गई आलोचना है, जिसे स्वयं को सनातनी हिन्दू कहने में, मूर्तिपूजा और जन्मान्तरवाद में अपने विश्वास को स्वीकारने में कोई संकोच नहीं था। लेकिन फिर भी जो यह प्रस्ताव कर सकता था कि

प्रार्थना की एक और विधि खोजी जाए। सेवा की विधि और प्रार्थना तक गरीब-से-गरीब आदमी की पहुँच सम्भव करनेवाली विधि।

यह वाक्य तो सूत्र है, गांधीजी का जीवन इसी सूत्र का भाष्य था। इसमें कोई सन्देह नहीं कि गांधीजी के जीवनरूपी भाष्य की हर स्थापना से सहमत होना न तो सम्भव है, न वांछनीय। अपना विवेक बनाए रखना अनुगमन करने की सुविधा को अपनाने से हर हाल में बेहतर है। लेकिन यह सूत्र एक रोमांच तो उत्पन्न करता है। प्रार्थना यदि पवित्र के बोध तक पहुँचने की विधि है, प्रार्थना यदि अध्यात्म भाव को याद करने की विधि है तो वह फिर मन्दिर / मस्जिद / चर्च / गुरुद्वारे तक सीमित क्यों रहे ? धर्म यदि मानवमात्र के कल्याण के लिए है, जैसा कि वह दावा करता है, और प्रार्थना यदि धर्म के पालन की बुनियादी शर्त है तो गरीब-से-गरीब आदमी की प्रार्थना को सम्मान देना किसकी जिम्मेवारी है ?

खुले आकाश के नीचे जमीन का स्वच्छ टुकड़ा धर्म के बाहर खड़े व्यक्ति की ओर से किया जा रहा प्रस्ताव नहीं है—वह धर्म के प्रतीकीकरण का आन्तरिक प्रतिवाद है। विस्तृत चेतना के खुले आकाश के नीचे धार्मिक आस्था की अपनी जमीन पर खड़े होकर किया जा रहा प्रतिवाद। यदि लक्ष्य प्रार्थना करना ही है तो किसी भव्य, लम्बे-चौड़े प्रार्थना घर की जरूरत नहीं। यदि लक्ष्य अपनी, अपने समुदाय और सत्तातन्त्र की उपलब्धियों, ताकत और सिद्धि का प्रतीक गढ़ना है तो और बात है। प्रार्थना निस्सन्देह अत्यन्त भव्य प्रासादों में भी की जा सकती है, लेकिन उसकी सार्थकता का प्रतिमान तो खुलापन ही है। यदि प्रार्थना सामूहिकता का अनुष्ठान भी है तो गरीब-से-गरीब आदमी का उस तक पहुँच सकना ही प्रार्थना की सार्थकता की सबसे बड़ी कसौटी है। यह बात कहनेवाला स्वयं भले ही एक खास धार्मिक परम्परा से जुड़ा है—सहज रूप से जुड़ा है—लेकिन उसकी समुदाय कल्पना केवल अपनी धार्मिक परम्परा तक सीमित नहीं है। उसका समुदाय बोध केवल अपने सरीखे लोगों तक ही सीमित नहीं है। अपनी विशिष्टता के बोध के साथ ही अन्य को अपनाने की उत्सुकता है इस अध्यात्म बोध और समुदाय बोध में।

किस तरह अपनाने की उत्सुकता ? क्या उस तरह जिस तरह 'अपनाने' के कारण सार्वभौम मानवतावाद की अवधारणा ही सन्दिग्ध हो गई ? प्रबोधन काल के बाद के यूरोप में जो सार्वभौम मानवतावाद विकसित हुआ, उसकी वर्चस्व वासना की कठोर आलोचना ने ही उत्तर आधुनिकतावाद को इतना लोकप्रिय बनाया है। इस 'सार्वभौम मानवतावाद' में न सच्ची सार्वभौमिकता थी और न सच्चा मानवतावाद। इसने मानव को प्रकृति का अंग मानने की बजाय उसका स्वामी मान लिया। संयोगवश एक टापू पर जा पहुँचा तो वह टापू रॉबिन्सन क्रूसो की निजी सम्पत्ति बन गया। प्रकृति भी जैसे एक प्रजाति--मानव प्रजाति—की निजी सम्पत्ति हो। यूरोपीय पुरुष की लालसाओं और वासनाओं को सार्वभौम का पर्याय मान लिया गया। अन्य सभ्यताएँ परम्पराएँ ही नहीं, स्वयं यूरोप की स्त्रियाँ भी ऐसे 'प्राकृतिक रूप से पिछड़ों' में गिनी गईं—जिन्हें प्रयत्न करके

'सार्वभौम' के अन्तर्गत आना है और इसके लिए 'सार्वभौम' का वर्चस्व तो स्वीकार करना ही पड़ेगा।

इस तरह के 'यूनिवर्सलिज्म' की आलोचना भी इसके विकास के लगभग साथ-साथ ही विकसित हुई। स्वयं यूरोपीय चिन्तन परम्परा के भीतर विकसित हुई। प्रकृति के साथ पूँजीवादी स्वामित्व से रंजित सम्बन्ध-कल्पना के विरुद्ध ऐसे सम्बन्ध का प्रस्ताव किया गया जो मनुष्य की अपनी वास्तविक 'प्रजाति सत्ता' की विच्छिन्नता को समाप्त करने में सहायक हो। कार्ल मार्क्स ने सविस्तार, सप्रमाण दिखाया कि हर सम्बन्ध को स्वामित्व की भाषा में सोचना मनुष्य का नहीं–अपनी 'प्रजाति सत्ता' से विच्छिन्न कर दिए मनुष्य का 'स्वभाव' है। यह विच्छिन्नता मनुष्य की स्वाभाविक शारीरिक गतिविधि को श्रम वस्तु में बदल देती है, और उसकी स्वतःस्फूर्त आध्यात्मिक कल्पना को धर्म वस्तु में। यह समस्या अपने सार में तो सार्वभौमिक है ही, पूँजी के साथ अनिवार्यतः जुड़े खगोलीकरण के फलस्वरूप इसका स्वरूप भी सार्वभौमिक होता चला जा रहा है–यह बात उन्नीसवीं सदी के उत्तरार्द्ध में मार्क्स स्पष्टतया देख रहे थे।

चुनौती मार्क्स की अन्तर्दृष्टियों का विकास करने की है, उन्हें तर्कातीत धर्मवाक्यों में बदल देना सुविधाजनक जरूर है, सार्थक नहीं। स्वामित्व की धारणा पर आधारित सार्वभौमिकता की सघन आलोचना जितनी जरूरी है, वैकल्पिक सार्वभौमिकता के विकास की साधना उससे कम जरूरी नहीं। इस बुनियादी बात की उपेक्षा ने भी सार्वभौमिकता की उत्तर आधुनिकतावादी आलोचना को संकीर्ण अस्मितावाद और नैतिक किंकर्त्तव्यविमूढ़ता के दलदल में फँसा दिया है। शक्ति (पावर) की अवधारणा को सार्वभौम नैतिक कल्पना के विचार मात्र से विच्छिन्न कर देनेवाली नीत्शेवादी पद्धति का यह स्वाभाविक फल है। 'नैतिकता' के सवालों को सेंटीमेंटल कहकर 'सुपरमैन' के लिए अप्रासंगिक बतानेवाली पद्धति यूरोपीय पुरुष की सर्वोच्चता के दम्भ पर आधारित 'सार्वभौमिकता' की आलोचना के काम तो आती है, लेकिन ततः किम–फिर क्या–के शाश्वत प्रश्न का कोई उत्तर नहीं है उसके पास।

खुले आकाश के नीचे जमीन के स्वच्छ टुकड़े पर सर्वधर्म प्रार्थना का न्यौता देनेवाली पद्धति 'अपनाने' की वैकल्पिक धारणा प्रस्तुत करती है। वह विशिष्टता को स्वीकार करती है–अपनी भी, अन्य की भी–लेकिन इसी के साथ आग्रह करती है इन विशिष्टताओं के बीच संवाद पर आधारित सार्वभौमिकता का। वस्तुतः प्रतिमान तो यही सार्वभौमिकता है। 'अपनाने' की इस धारणा के भी अपने स्वयंसिद्ध (एक्सियम्स) हैं। लेकिन वे स्वयंसिद्ध शक्तिकामना (विल टू पावर) पर आधारित न होकर संवाद पर–'विशुद्धता' को तोड़ते, विशिष्टता को रूपान्तरित करते संवाद पर आधारित स्वयंसिद्ध हैं। गांधीजी के अपने शब्दों में, 'मैं नया तो कुछ कह नहीं रहा। सत्य और अहिंसा तो शाश्वत (ऐज ओल्ड ऐज हिल्स) हैं।'

मानना होगा कि शक्ति कामना भी शाश्वत है। आखिरकार आक्रामकता मनुष्य के प्राकृतिक स्वभाव की ही अंग है। सवाल लेकिन यह हैं कि मनुष्य क्या केवल और केवल प्राकृतिक जीवन जीता है या जी सकता है ? दूसरी ओर संस्कृति और विकास क्या प्राकृतिक परिघटना, स्वभाव और सीमाओं की उपेक्षा करके सम्भव है ? सवाल यह भी है कि सत्य और अहिंसा यदि शाश्वत हैं तो क्या असत्य और हिंसा शाश्वत नहीं है। सृष्टि में सत्ता यदि केवल सत्य और शुभ की है तो फिर संसार में इतना कुछ अशुभ क्यों है ? हजारों वर्ष पहले जरथ्रुष्ट इसी सवाल से टकराए थे, उनके द्वारा प्रस्तावित उत्तर की समीक्षा बहुत रोचक और विचारोत्तेजक होगी—लेकिन वह फिर कभी।

इतना स्पष्ट है कि उपरोक्त प्रश्नों के उत्तर जो भी हों, इक्कीसवीं सदी के आरम्भ तक आते-आते मार्टिन लूथर किंग द्वारा दी गई चेतावनी तो पैगम्बरी चेतावनी लगने ही लगी है। अहिंसा या सर्वनाश। शक्तिकामना और हिंसा की वास्तविकता स्वीकार करते हुए भी, अन्तरों और विशिष्टताओं के प्रति संवेदनशील रहते हुए भी इस चेतावनी को तो सामने रखना ही पड़ेगा।

और तब मार्टिन लूथर किंग के प्रेरणास्रोत गांधीजी की प्रार्थना भूमि पर खड़े होने की जरूरत शायद उन्हें भी महसूस होगी जो स्वयं प्रार्थना की कोई जरूरत महसूस नहीं करते। शक्तिकामना के तथ्य को स्वीकार करते हुए भी संवाद-उत्सुकता की जरूरत उन्हें भी महसूस होगी जिन्हें कभी अपने प्रस्थान बिन्दुओं पर पुनर्विचार की जरूरत महसूस नहीं होती। जिन्हें सार्वभौमिक मानव मूल्यों का आग्रह केवल षड्यन्त्र जैसा महसूस होता है, वे भी शायद इस विडम्बना को महसूस करें कि उनका यह अहसास खुद सार्वभौमिकता की कामना पर आधारित है। 'भ्रामक' सार्वभौमिकता की बजाय 'सच्ची' सार्वभौमिकता की कामना पर।

सर्वधर्म प्रार्थना सभा—आज खोखली रस्म जैसी लगती है। कोई ताज्जुब नहीं, क्योंकि अगर ऐसी प्रार्थना सभा विवेक को तिलांजलि देकर ही सम्भव हो तो उसका खोखलापन ही स्वयंसिद्ध है। यदि संवाद का अर्थ आत्म और अन्य का रूपान्तरण करना नहीं हो तो वह बहरों का संवाद है। यदि सहिष्णुता का अर्थ सब कुछ को जस-का-तस स्वीकार कर लेना हो तो वह सहिष्णुता नहीं, सुविधा है। सवालों से कतराने की सुविधा।

बहस सबसे करनी है। गांधी से भी, मार्क्स से भी। सबसे पहले अपने आप से। पवित्रता की वह कल्पना जो खुले आकाश के नीचे जमीन के स्वच्छ टुकड़े को धर्म सत्ता के प्रतीकों के विकल्प के रूप में प्रस्तुत करे—ऐसी बहस में सहायक है। पर्वत शिखर से देखा गया पवित्रता का वह सपना जो चेतावनी दे कि 'चुनाव हिंसा और अहिंसा के बीच नहीं, अहिंसा और सर्वनाश के बीच है,'—ऐसी बहस में सहायक है।

21 दिसम्बर, 2003

अपनी समझ के उपयोग का साहस

'नाबालिग बने रहने में कितना आराम है—अगर मेरे पास कोई किताब है जो मेरी समझ का विकल्प बन सकती है, कोई आध्यात्मिक सलाहकार है जो मेरी अन्तरात्मा बन सकता है—तो फिर क्या जरूरत है मुझे मुसीबत मोल लेने की ? कोई डॉक्टर है जो मेरे खानपान का फैसला करता है, तो फिर क्या जरूरत है, मुझे मुसीबत मोल लेने की ?'

ये शब्द जर्मन दार्शनिक कांट के हैं। 1784 ई. में लिखे गए ये शब्द मैं एक कॉलेज मैगजीन के मुखपृष्ठ से उद्धृत कर रहा हूँ और उस मैगजीन में उद्धृत किए गए हैं, साहित्यिक पत्रिका 'सन्धान' से। आज जब बड़े-बड़े महानगरों के बड़े-बड़े बुद्धिजीवी बड़े-बड़े लेख लिखकर, हर सम्प्रदाय की, हर अस्मिता की अपनी विशिष्ट पहचान को ही आचारण का एकमात्र प्रतिमान घोषित कर रहे हैं, तब गढ़वाल के एक छोटे-से शहर गोपेश्वर के कॉलेज की मैगजीन के मुखपृष्ठ पर कांट के ये शब्द मानो घोषणा करते हैं कि लाख समस्याओं के बावजूद प्रबोधन का कोई विकल्प नहीं। बेहतर मानवीय सम्बन्धों और बेहतर सामाजिक व्यवस्था की रचना अन्ततः किन्हीं सार्वभौम सरोकारों और मूल्यों के ही आधार पर सम्भव होगी। और ऐसे सार्वभौम मूल्य अर्जित किए जा सकेंगे तभी जबकि अपनी समझ के उपयोग का साहस बनाए रखा जाए। किसी धार्मिक वैचारिक या राजनीतिक विचार को डॉग्मा का दर्जा न दिया जाए। हर विषय पर खुली बहस का अवकाश बनाए रखा जाए। फिर एक बार उसी कॉलेज मैगजीन के मुखपृष्ठ पर छपे कुछ और शब्द, 'विवेक का सार्वजनिक प्रयोग हमेशा स्वतन्त्र रहना चाहिए और यही समाज में प्रबोधन ला सकता है।'

यह कॉलेज है, राजकीय स्नातकोत्तर महाविद्यालय, गोपेश्वर। दिसम्बर का अन्तिम सप्ताह गोपेश्वर में ही बीता। इस सर्दी में पहाड़ जाने का अनपेक्षित फैसला किया अपने मित्र, युवा कवि और बेचैन समाजकर्मी धीरेन्द्र तिवारी के आग्रह के कारण। अनपेक्षित रूप से किया गया फैसला अनपेक्षित रूप से ही सार्थक भी रहा। दिल्ली की खुश्क ठंड, हर तरह की धुन्ध की गिरफ्त से बाहर चमकीली धूप और गोपेश्वर के मित्रों की ऊर्जा ने सचमुच कुछ दिया, ऐसा कुछ जिसकी गर्माहट को बनाए रखना है।

बनाए रखना है क्योंकि साधना तो हर जगह चाहिए। अपनी समझ के उपयोग को, विवेक को जागृत रखने के लिए भी और ऐसी यात्राओं से प्राप्त ऊर्जा को बचाए रखने और बढ़ाने के लिए भी। विवेक और सामाजिक कॉमनसेंस में फर्क होता है।

सामाजिक कॉमनसेंस या किसी डॉग्मा के कॉमनसेंस द्वारा कृपापूर्वक दी गई स्वतन्त्रता और जिज्ञासा द्वारा तराशी गई स्वतन्त्रता में फर्क होता है। जिज्ञासा और अपने अनुभवों को एक वृहत्तर धारणा के साथ जोड़ने के प्रयत्नों से ही उस विवेक की रचना होती है जिसे कांट समाज में प्रबोधन लाने की पहली शर्त मानते हैं। ऐसे विवेक की रचना की 'मुसीबत मोल लेना' ही मानवीय नैतिकता की पहचान है।

ऐसे विवेक की रचना एक ही साथ आन्तरिक गतिविधि भी है, बाहरी भी। वह व्यक्तिगत आस्था का अनुष्ठान भी है और सामाजिक दायित्वबोध भी। सच कहें तो यह प्रक्रिया ही मनुष्य की प्रकृति है। यही व्यापक प्रकृति के साथ मनुष्य की समरसता है। कितनी स्पष्ट हैं ये सब बातें—लेकिन जीवन में ? व्यवहार में ? पीछे छूट जाती है...दोफाड़ हो जाता है जीवन। घोषणाएँ कुछ और जीवन कुछ और।

गोपेश्वर के इसी कॉलेज में फिजिक्स के अध्यापक डॉ. सुरेश नौटियाल ने एकदम आसपास के उदाहरणों से दिखाया (बताया नहीं दिखाया) कि विज्ञान का अर्थ प्रकृति पर विजय पाना नहीं, उसके साथ 'हारमनी' कायम करना है। प्रकृति अनन्त है। सुपरनेचुरल जैसी शब्दावली या तो अज्ञान की सूचना देती है या अहंकार की। विनम्र जिज्ञासा के साथ बढ़िए 'नेचर' की ओर। उसके हर रहस्य को अनावृत्त कर देने के दुःशासनी दम्भ की बजाय उस रहस्य के साथ संवाद कीजिए, समरसता के मार्ग स्वयं खुलते जाएँगे। डॉ. नौट्रियाल और श्रीमती सुनीता नौटियाल का 'साधारण' जीवन उनके सचमुच असाधारण, अनुकरणीय जीवन बोध का प्रमाण देता है।

अवसर था गोपेश्वर कॉलेज के वार्षिकोत्सव का, और यह अपना सौभाग्य था कि आमन्त्रित किए गए। प्रत्यक्ष देखा कि कुछ ही व्यक्ति किसी समुदाय के जीवन में कैसा फर्क ला सकते हैं। बेशक, तभी जबकि उस समुदाय के साथ आत्मीय सम्मान का रिश्ता बनाएँ। इलाहाबाद से गए धीरेन्द्र ने अपने चुम्बकीय व्यक्तित्व से इतने लोगों को आकर्षित किया तो कुछ को विकर्षित भी किया ही होगा। बहरहाल ऊर्जा के, बनते विवेक के, अपनी समझ का उपयोग करने के साहस के जो स्फुल्लिंग वहाँ दिखे, जिन नौजवान लड़के-लड़कियों से मुलाकात हुई, वे प्रबोधन की नवज्योति का रूप लेंगे इसमें कोई सन्देह नहीं। छात्रसंघ के अध्यक्ष विनोद जोशी जब अपने प्रतिद्वन्द्वी संगठन के प्रतिनिधि, कॉलेज के पूर्व अध्यक्ष को मंच पर बुला रहे थे तो आत्मीय संवाद की कोशिश को मूर्त रूप ही दे रहे थे। मनोज जोशी और रंजना गैरिला की कल्पना और मेहनत ने छात्र संघ की पत्रिका 'माधुरी' को ऐसा रूप दिया है कि इसके दोनों अंक टिपिकल कॉलेज मैगजीन के साथ-साथ विचार और संवेदना के साक्ष्य भी बन गए हैं।

संवाद का अर्थ संघर्ष से छुट्टी पा लेना नहीं है। लेकिन सवाल है संघर्ष के स्वरूप का। हमारे समाज में केन्द्रीय संघर्ष वैचारिक वर्चस्व से बने सहज बोध (कॉमनसेंस) की जगह लोकतान्त्रिक संवाद से परिभाषित होनेवाले सहज बोध की रचना करने का है। डॉग्मा की शरण में जाने को तड़प रहे कॉमनसेंस की जगह सच्चे लोकतान्त्रिक मिजाज की रचना करने का है। सौ राजनीतिक संघर्षों का राजनीतिक संघर्ष यही है—कट्टरपन्थ

की ओर जाते सहज बोध को विवेक की ओर मोड़ने का संघर्ष। यह रचनात्मक आत्माभिव्यक्ति का भी संघर्ष है और संस्थाओं की सुरक्षा और सदुपयोग का भी। जो कुछ गोपेश्वर में होते देखा, वह कॉलेज के प्राचार्य डॉ. रजनीश मोहन जोशी की संस्थापरक संवेदनशीलता के बिना कैसे सम्भव होता ? एडवोकेट मदन मिश्र और पत्रकार गजेन्द्र मैठाणी की अपने समुदाय के प्रति, लोकतान्त्रिक मिजाज के प्रति जिम्मेदारी के बिना कैसे सम्भव होता ?

प्रबोधन का अर्थ है सभ्यता समीक्षा। ऐसी समीक्षा का श्रीगणेश होता है संस्कृति जिज्ञासा से। संस्कृति केवल खान-पान, केवल रचनात्मक अभिव्यक्ति नहीं, वैचारिक अनुष्ठान भी है। इस अर्थ में लें तो संस्थाओं के सांस्कृतिक कार्यक्रम वस्तुतः विचार के लिए न्यौता होना चाहिए और यह न्यौता केवल वार्षिकोत्सव तक सीमित नहीं होना चाहिए। अनवरत विचार, शैक्षणिक संस्थाओं में सम्भव है जबकि शिक्षक और छात्र का सम्बन्ध भी केवल 'लेक्चर' तक सीमित न होकर अनवरत हो। इसी भावना से कहा गया होगा कि गुरु शिष्य को आजीवन अपने गर्भ में धारण करता है। धीरेन्द्र के युवा छात्र-छात्राओं से मिलकर लगा कि धीरेन्द्र ने इन युवाओं से कुछ ऐसा ही सम्बन्ध बनाया है। धीरेन्द्र हिन्दी साहित्य के अध्यापक हैं, लेकिन जिन छात्रों से भेंट हुई वे सब हिन्दी के नहीं थे। इनके बीच का सम्बन्ध-सूत्र एकेडमिक डिसिप्लन नहीं, बल्कि अपने आपको पहचानने की, उस पहचान को बाकी पहचानों से जोड़ने की बेचैनी है।

कांट के उसी लेख के कुछ और वाक्य : "समस्त नारी समुदाय सहित मानवता का सबसे बड़ा हिस्सा परिपक्वता की ओर बढ़े तो ऐसी परिपक्वता...अभिभावकों के लिए न केवल मुसीबत खड़ी करेगी, ऐसा काफी खतरनाक भी होगा। अभिभावक 'अकेले चलने के खतरों' से...इन्हें आगाह करते रहते हैं। ये खतरे इतने बड़े होते नहीं...क्योंकि एक दो बार गिरकर चलना आ ही जाता है।" ऐसे मेहरबान अभिभावकों की मेहरबानी मानवता की आधी दुनिया हर समाज में झेलती आई है। अभी भी झेल रही है। सभ्यता, परम्परा, संस्कृति, अस्मिता के आत्मनियुक्त 'अभिभावक' नारी समुदाय पर कुछ अधिक ही मेहरबान होते हैं। लेकिन, बावजूद सारी मेहरबानियों के, नारी के अपने व्यक्तित्व का संघर्ष मानवीय इतिहास का सबसे प्रेरणाप्रद संघर्ष है। ये गढ़वाल की नारियाँ ही थीं, जिन्होंने पर्यावरणवाद के फैशनेबल बनने के बहुत पहले चिपको आन्दोलन चलाकर विकास पर नए सिरे से विचार किया था। बहुत से अभिभावक महानुभाव नारियों की 'फैशनपरस्ती' (!) को ही सारी सामाजिक व्याधियों की जड़ मानते हैं। उम्मीद है कि कम-से-कम इस एक 'फैशन' (!) पर्यावरण प्रेम के लिए वे भी नारियों का कुछ तो अहसान मानेंगे। न भी मानें तो क्या फर्क पड़ता है ? गोपेश्वर की युवा छात्राओं-अध्यापिकाओं की ऊर्जा देखकर लगा कि ऐसे अभिभावकों से बेपरवाह नारियाँ तो अपने

आपको और इस क्रम में समूची सभ्यता को रूपान्तरित करती जाएँगी। बेहतर सामाजिक सम्बन्धों की दिशा में, समाज के सच्चे लोकतान्त्रिकीकरण की दिशा में कदम बढ़ाती ही जाएँगी। कवि नन्दकिशोर हटवाल की पंक्तियाँ याद आती हैं : "बोए जाते हैं बेटे / उग आती हैं बेटियाँ / खाद पानी बेटों में लहलहाती हैं बेटियाँ / एवरेस्ट की ऊँचाइयों तक ठेले जाते हैं बेटे / चढ़ जाती हैं बेटियाँ / जीवन तो बेटों का है / मर-मिटती हैं बेटियाँ।"

4 जनवरी, 2004

'आहत भावनाएँ' और जागृत विवेक

पुणे के भंडारकर शोध संस्थान में 5 जनवरी को जो हुआ उसका अर्थ समझना चाहिए। मराठा महासंघ की संभाजी ब्रिगेड के कार्यकर्ताओं ने अपने हिसाब से उन लोगों को ठीक कर दिया, जो मराठी अस्मिता के प्रतीक शिवाजी की 'बदनामी करने के अपराध में सहगामी' थे। कई अनमोल पांडुलिपियाँ नष्ट हो गईं, स्वयं शिवाजी की दुर्लभ प्रतिमा और चित्र नष्ट हो गए, और संभाजी ब्रिगेड ने अपने वीर सैनिकों का अभिनन्दन किया ! ऐसे विद्वानों को 'ठीक' कर देने की धमकियाँ जारी हैं, जिन्होंने प्रो. जेम्स लेन के साथ बतचीत की, और जिनके प्रति प्रो. लेन ने अपनी पुस्तक 'शिवाजी : दि हिन्दू किंग इन मुस्लिम इंडिया' के आमुख में आभार प्रकट किया। श्रीकान्त बाहुलकर नामक विद्वान का मुँह काला कर दिया गया, और कम-से-कम एक दर्जन विद्वान, बुद्धिजीवी इस समय पुलिस के संरक्षण में हैं। किताब के प्रकाशक ने किताब बाजार से हटा ली ह, और इसके बावजूद महाराष्ट्र सरकार ने किताब को बाकायदा प्रतिबन्धित घोषित कर दिया है। जहाँ तक संभाजी ब्रिगेड का सवाल है—उसके प्रेरणास्रोत सज्जन बाकायदा महाराष्ट्र सरकार की सेवा में एग्जीक्यूटिव इंजीनियर हैं—और उनके खिलाफ किसी तरह की कोई कार्यवाही नहीं हुई है।

ऐसे प्रसंगों में दिया जानेवाला सदाबहार तर्क है : आहत भावनाओं का। लोकतान्त्रिक राजनीति को केवल संख्याओं का खेल समझनेवाले के लिए आहत भावनाएँ अचूक तर्क का काम करती हैं। अभी कुछ ही समय पहले पश्चिम बंगाल की सरकार इसी आधार पर तस्लीमा नसरीन की पुस्तक 'द्विखंडिता' को प्रतिबन्धित कर चुकी है। उधर अमेरिका के कुछ हिन्दू नेताओं की भावनाएँ प्रो. पॉल कोर्टराइट की बरसों पहले छपी किताब से आहत हो गई हैं, और उन्होंने एमॉरी यूनिवर्सिटी के प्रेसिडेंट से लेकर संयुक्त राज्य अमेरिका के प्रेसिडेंट तक अपनी आहत भावनाओं की सूचना धूमधाम से पहुँचा दी है।

'सेटेनिक वर्सेज' के बरसों बाद सलमान रश्दी पिछले सप्ताह मुम्बई में सार्वजनिक रूप से नजर आए, लेकिन दो ही दिन में उन्हें अंडरग्राउंड हो जाना पड़ा—बहुत से लोगों के हाथ उन्हें 'ठीक' कर देने के लिए खुजला उठे थे। दुनिया-भर में अनेक लेखक, विचारक, कलाकार किसी-न-किसी की 'भावनाएँ आहत' करने की सजा भुगत रहे हैं। क्या मतलब है इस सबका ?

पुणे के भंडारकर इंस्टीट्यूट पर हमला कुछ महत्त्वपूर्ण, परस्पर सम्बद्ध चीजों को रेखांकित करता है। एक तो यही कि जब किसी ऐतिहासिक व्यक्तित्व को किसी अस्मितावादी राजनीति के प्रतीक में तब्दील कर दिया जाए, तो उसके नाम पर बहुत से लोगों की आक्रामक वृत्ति को उकसाना आसान हो जाता है। दूसरी बात यह कि बौद्धिक समीक्षा के स्थान पर 'शारीरिक समीक्षा' (!) का सहारा लेना ऐसी राजनीति की जरूरत भी है, मजबूरी भी। जरूरत इसलिए ताकि हिंसा का मुहावरा राजनीति के केन्द्र में रहे और मजबूरी इसलिए कि किसी 'आपत्तिजनक' वक्तव्य की बौद्धिक काट करने के लिए चाहिए धीरज और परिश्रम। आहत भावनाओं की जगह चाहिए जागृत विवेक। भंडारकर इंस्टीट्यूट पर हमला करनेवालों में से शायद ही किसी ने जेम्स लेन की किताब पढ़ने की जरूरत समझी हो—ठीक वैसे ही जैसे सैयद शहाबुद्दीन ने 'सेटेनिक वर्सेज' पढ़ने की जरूरत नहीं समझी थी। सबसे महत्त्वपूर्ण बात यह कि ऐसी हर घटना का औचित्य निरुपण अस्मितावाद के किसी-न-किसी संस्करण की सहायता से किया जा सकता है। चूँकि सामाजिक-सांस्कृतिक अस्मिता ही केन्द्रीय है, इसलिए कभी धार्मिक, कभी जातिगत, कभी राष्ट्रीय अस्मिता को पहुँचाए गए आघात की 'प्रतिक्रिया' को जायज ठहरानेवाले मिल ही जाते हैं। संभाजी ब्रिगेड के प्रवक्ता का तो कहना है कि भंडारकर इंस्टीट्यूट 'बहुजन समाज' के खिलाफ 'सांस्कृतिक आतंकवाद' फैला रहा है !

भंडारकर इंस्टीट्यूट, जाहिर है कि अध्येताओं की संस्था है, लेकिन इसके प्रति या ऐसी किसी भी संस्था के प्रति जिम्मेवारी केवल बौद्धिकों-अध्येताओं की नहीं, सारे समाज की है। जो कुछ वहाँ हुआ, उसका एक पहलू 'आहत भावनाओं' की राजनीति के अभूतपूर्व, खतरनाक विस्तार की सूचना देता है। जाने-माने कवि, विचारक और संस्कृति कर्मी दिलीप चित्रे ने इस खतरनाक विस्तार की ओर मार्मिक रूप से ध्यान खींचा है। दिलीप भी इन दिनों पुलिस के संरक्षण में हैं। अपनी बेचैनी उन्होंने मित्रों के नाम लिखे एक पत्र में व्यक्त की है, जिसका शीर्षक है 'असहिष्णुता के प्रति सहिष्णुता'। असहिष्णु हिंसा और आक्रामकता का हर रूप स्वयं को किसी सामाजिक अस्मिता की आहत भावनाओं की अभिव्यक्ति बताता है—और व्यापक समाज ऐसी आक्रामकता के प्रति 'सहिष्णुता' दर्शाता रहता है। पुणे की घटना का रोचक पहलू यह है कि जिन व्यक्तियों और जिस संस्था पर हमला किया गया—उनका अपराध यह है कि उन्होंने जेम्स लेन की 'मदद' की—यानी आगे से आप किसी अध्येता से बात करें या उसे पुस्तकालय में बैठने दें तो पहले विभिन्न अस्मितावादियों की मंजूरी ले लें। ऐसा शायद पहली बार हुआ है कि हमला इस कारण किया गया क्योंकि, दिलीप चित्रे के शब्दों में, 'पुस्तक में इन लोगों के प्रति आभार प्रकट किया गया था।'

कोई भी समाज जब अपने बौद्धिकों और उनकी संस्थाओं से ऐसी माँगें करने लगता है, तो मानना चाहिए कि वह बीमारी की तरफ बढ़ रहा है। समाज को बौद्धिक कर्म के प्रति संवेदनशील और आदरशील होना चाहिए। इसलिए नहीं कि ऐसा करने से बौद्धिकों पर कोई कृपा होगी, बल्कि इसलिए ताकि समाज स्वयं को लगातार परख सके,

ज्ञान का विस्तार हो सके और समाज का विवेक जागृत रह सके। भावनाओं के आहत होने के तर्क की तो कोई सीमा ही नहीं हो सकती। साथ ही, बौद्धिक कर्म का महत्त्व हमेशा तत्काल दिखनेवाला भी नहीं होता। भंडारकर इंस्टीट्यूट की ही बात करें, तो याद रखना चाहिए कि इसी इंस्टीट्यूट ने चालीस बरसों के अद्भुत परिश्रम, बल्कि पराक्रम से प्रो. सुकथनकर के सम्पादन में महाभारत का प्रामाणिक संस्करण तैयार किया था। महाभारत से जुड़े किसी भी अध्ययन के लिए इसका 'पुणे संस्करण' या 'भंडारकर संस्करण' ही प्रामाणिक माना जाता है। वैसे, आज के माहौल में तो डर यह लगता है कि किन्हीं वीरों की भावनाएँ 'आहत' न हो जाएँ, क्योंकि 'महाभारत' के भंडारकर संस्करण में बहुत से प्रचलित अंश प्रक्षिप्त मानकर फुटनोट में रख दिए गए हैं ! डर यह भी है कि कल किसी भी संस्था पर इसलिए हमला हो सकता है कि वहाँ फलाँ आपत्तिजनक पुस्तक लिखनेवाले व्यक्ति का मित्र या रिश्तेदार काम करता है।

इन स्थितियों को दिलीप चित्रे ने बिलकुल सही नाम दिया है—'आन्तरिक आतंकवाद' और 'नव-फासीवाद।' फासीवाद की यह क्लासिक विशेषता है कि वह लोकतन्त्र को भीड़-तन्त्र में बदल देता है। आस्था, अस्मिता, भावना—फासीवादी राजनीतिक विमर्श के बीज-शब्द हैं। अपने सहज, स्वाभाविक रूप में नहीं, बल्कि सोच-समझकर विकृत किए गए रूपों में। बेशक हरेक मनुष्य की एक सांस्कृतिक अस्मिता है; परम्परा है, निजी आस्थाएँ हैं, भावनाएँ हैं। लेकिन ध्यान दें—हरेक मनुष्य की—सिर्फ मेरी या आपकी नहीं। इसीलिए लोकतन्त्र केवल संख्याओं का खेल नहीं, मूल्यों और संस्थाओं पर आधारित व्यवस्था है—और इसी का एक पहलू यह भी है कि बौद्धिक क्षेत्र में बौद्धिक समीक्षा ही चले। किसी की भावनाएँ यदि आहत होती हैं तो वह उन भावनाओं को मर्यादित ढंग से अभिव्यक्त करे—बहस करे—संवाद करे। इसीलिए लोकतन्त्र में संवैधानिक प्रक्रियाओं और असहमति की सम्भावना के संरक्षण को इतना महत्त्व दिया जाता है। भंडारकर इंस्टीट्यूट पर हमला एक बार फिर से याद दिलाता है कि हमारा समाज आत्मविश्वासहीनता की चपेट में आता जा रहा है। यह हमला इस तथ्य को भी रेखांकित करता है कि संवैधानिक मर्यादाओं की उपेक्षा जब एक क्षेत्र में आरम्भ होती है, तो वह कैंसर की तरह सामाजिक जीवन के हर क्षेत्र तक फैलती है।

उस समाज को हम कैसा समाज कहेंगे जिसमें कोई विद्वान् क्षोभ और मजबूरी के कारण अपनी बरसों की मेहनत से तैयार की गई पांडुलिपि स्वयं फाड़कर फेंक दे ? श्रीकान्त बाहुलकर का मुँह शिवसेना वालों ने इसलिए काला कर दिया क्योंकि प्रो. लेन ने उनके प्रति आभार प्रकट किया था। शिवाजी के विशेषज्ञ इतिहासकार गजानन मेहनदाले ने इस अपमान के विरोध में, अपना क्षोभ प्रकट करते हुए अपनी अप्रकाशित पांडुलिपि फाड़कर फेंक दी। मेहनदाले की आयु अस्सी वर्ष के आसपास है—कैसा लगा होगा उन्हें उम्र के इस पड़ाव पर ऐसा करते हुए ?

सवाल बहुलकर, मेहनदाले, दिलीप चित्रे या स्वयं जेम्स लेन के राजनीतिक विचारों का नहीं है। सवाल यह है कि अस्मिताओं और भावनाओं की नव-फासीवादी राजनीति

हमारे समाज को किधर ले जा रही है ? बौद्धिकों-विद्वानों के वोट संख्या में कम होते हैं—तो क्या इसीलिए हम उन्हें अपमानित करते रहेंगे, आतंकित करते रहेंगे ? यह सवाल उन सबके लिए है जो किताबें जलाने, बौद्धिक व्यक्तियों और संस्थाओं पर हमला करने को अपना स्वाभाविक अधिकार मानने लगे हैं। यह सवाल उनके लिए भी है जो 'आहत भावनाओं' के अपने विमर्श को तो प्रगतिशील या जनवादी या राष्ट्रवादी मानते हैं, लेकिन जब कोई दूसरा समूह इसी आहत भावना-विमर्श का सहारा लेने लगता है तो उन्हें प्रगतिशीलता, जनवाद या राष्ट्रवाद खतरे में पड़ता दिखने लगता है।

और सबसे पहले, सबसे ऊपर तो यह सवाल उन आम लोगों के लिए है जो अपने विवेक को जागृत रखने की बजाय स्वयं को आहत भावनाओं की राजनीति के हवाले कर देते हैं।

18 जनवरी, 2004

इस निमन्त्रण को स्वीकार करें

यह निमन्त्रण दिया है, नोबेल विजेता शीरीं इबादी ने। असल में तो पेरिस के इंटरनेशनल स्कूल के बच्चों ने। निमन्त्रण सीधा-सा है—महात्मा गांधी के शहादत दिवस को विश्व अहिंसा दिवस के रूप में मनाएँ। इन बच्चों का सुझाव है कि उस दिन उपवास रखें (कम-से-कम, मांसाहार न करें), टी.वी. देखने की बजाय कोई किताब पढ़ें, वाणी पर संयम रखें, कम-से-कम इस एक दिन बहुराष्ट्रीय कम्पनियों के उत्पादों का बहिष्कार करें। पेरिस के इस स्कूल में अनेक नस्लों, धर्मों और समुदायों के बच्चे पढ़ते हैं। उनका यह निमन्त्रण लेकर मुम्बई के वर्ल्ड सोशल फोरम में पहुँचे थे—उनके अध्यापक अक्षय बकाया। अक्षय की कोशिश थी कि हर साल की तीस जनवरी को विश्व अहिंसा दिवस के रूप में मनाने का यह निमन्त्रण फोरम की ओर से ही जारी हो जाए। ऐसा तो न हो सका, लेकिन शीरीं इबादी को बात महत्त्वपूर्ण लगी और उन्होंने मुम्बई के ही एक स्कूल के बच्चों के बीच से यह निमन्त्रण दे दिया।

जाहिर है, इस साल तो सामूहिक रूप से कुछ न हो सका; लेकिन इस निमन्त्रण को स्वीकार जरूर करना चाहिए। कोशिश होनी चाहिए कि अगले साल से तीस जनवरी सचमुच विश्व-भर में अहिंसा दिवस के रूप में मनाया जाए। गुजरात नरसंहार के प्रसंग में शीरीं का याद दिलाना सही था कि 'हिंसा का प्रतिकार और अधिक हिंसा से नहीं किया जा सकता।' ठीक ऐसी ही बात 1969 में, अमेरिका में चल रहे नस्लीय दंगों के प्रसंग में हना एरेंट ने याद दिलाई थी, ''किसी भी कार्यवाही की तरह हिंसा भी दुनिया को बदलती जरूर है, लेकिन यह बदलाव होता है—और अधिक हिंसक दुनिया की दिशा में।''

पेरिस के स्कूली बच्चों के इस निमन्त्रण के पीछे चिन्ता यही है—बदलाव चहिए—लेकिन किस दिशा में ? किस तरह का ? अन्याय का प्रतिकार मानव का स्वभाव है; लेकिन इस प्रतिकार की जीवन दृष्टि क्या हो ? क्या बदलाव की कोई सार्थक और प्रभावी योजना अहिंसा पर आधारित हो सकती है ? एक धार्मिक आदर्श के रूप में अहिंसा सभी परम्पराओं में मौजूद है; फिर विश्व अहिंसा दिवस यदि मनाना ही है तो तीस जनवरी को ही क्यों ? किसी पारम्परिक धार्मिक महत्त्ववाले दिन क्यों नहीं ?

अहिंसा के धार्मिक आदर्श के साथ समस्या यह है कि उस रूप में अहिंसा आदर्श स्थिति तो है, लेकिन व्यक्तिगत और सामूहिक आचरण का बुनियादी नैतिक प्रतिमान

नहीं। गांधीजी का सबसे बड़ा वैचारिक और व्यावहारिक योगदान यही है कि उन्होंने अहिंसा को धार्मिक आदर्श की बजाय दार्शनिक मूल्य और नैतिक प्रतिमान के रूप में स्थापित किया। धार्मिक आदर्श के रूप में अहिंसा का महत्त्व वहीं तक है, जहाँ तक वह धर्म सत्ता के अनुकूल हो। हिंसा तभी त्याज्य है जब वह धर्म विरुद्ध हो। 'वैदिकी हिंसा हिंसा न भवति'—यह घोषणा अलग-अलग रूपों में सभी धार्मिक परम्पराएँ करती हैं। धर्म को ऐतराज 'अपवित्र हिंसा' से है; हिंसा मात्र से नहीं। उल्टे धार्मिक और नैतिक 'शुद्धता' की रक्षा के लिए की जानेवाली हिंसा तो पवित्र और वांछनीय ही है। धर्म का प्रेमोपदेश 'अपनों' के लिए है, 'अन्यों' के लिए नहीं। इसलिए धार्मिक दृष्टि का अहिंसक दृष्टि भी होना जरूरी है; धार्मिक दृष्टि और चीज है; अहिंसक दृष्टि (वर्ल्ड व्यू) और चीज। गांधीजी की महत्ता यह है कि वे धर्म की दृष्टि से अहिंसा को नहीं; अहिंसा की दृष्टि से धर्म को (और हर चीज को) देखते हैं। उनके लिए अहिंसा के मूल्यांकन का प्रतिमान धर्म नहीं, बल्कि धर्म और सभ्यता के मूल्यांकन का प्रतिमान अहिंसा है। इस रूप में अहिंसा सिर्फ आदर्श नहीं, नैतिक मूल्य और जीवनदृष्टि है।

अहिंसा का व्युत्पत्तिपरक अर्थ है—हानि पहुँचाने की इच्छा की अनुपस्थिति। इस अर्थ के बोध की एक दिशा यह रही है कि यदि व्यक्तिगत लाभ हानि से ऊपर उठकर निःस्वार्थ भाव से, किसी धार्मिक (या गैर धार्मिक) आदर्श के लिए हिंसा की जाए तो वह पवित्र हिंसा है। जो 'आदर्श' है, जो 'होना चाहिए'—उसके मार्ग में यदि कोई मनुष्य बाधा बने, तो उसका सफाया करना, आदर्श के अनुकूल होने के कारण नैतिक रूप से स्वीकार्य है। वह हत्या नहीं वध है। दूसरे शब्दों में, चुनाव हिंसा-अहिंसा के बीच नहीं पवित्र और अपवित्र हिंसा के बीच है। वध और हत्या के बीच है।

लेकिन मार्टिन लूथर किंग के अनुसार चुनाव हिंसा-अहिंसा के बीच नहीं, अहिंसा और सर्वनाश (नान वायलेंस और नान एग्जिस्टेंस) के बीच है। इस मार्मिक चेतावनी को केवल रणनीतिक वक्तव्य तक सीमित कर देना गलत होगा। असल में बात जीवन-दृष्टि और मूल्य-मीमांसा के धरातल पर हिंसा और अहिंसा में से एक को चुनने की है। और यदि आप अहिंसा को चुनते है तो चुनौती अहिंसक जीवन दृष्टि और मूल्य मीमांसा की रूप-रेखा स्पष्ट करने की है। ऐसे स्पष्टीकरण के बिना, अहिंसा की बात अच्छे रूप में, अधिक-से-अधिक एक सद्गुण के रूप तक सिमट जाएगी; और बुरे रूप में, एक और कट्टरवाद का रूप ले लेगी। व्यवस्था और न्याय के प्रश्नों से काटकर यदि अहिंसा की बात की जाए तो वह हास्यास्पद ही नहीं, घातक भी हो सकती है। तब अहिंसा मानव-विरोधी पशुवाद (या प्रेम !) और आक्रामक शाकाहारवाद में बदल सकती है। इस बुनियादी बात की उपेक्षा की जाए तो गांधी और मिसाल के तौर पर मेनका गांधी की अहिंसा में फर्क करना मुश्किल हो जाएगा और ऐसी मुश्किल सच्ची अहिंसा दृष्टि के विकास के रास्ते में और मुश्किलों को जन्म देगी।

अहिंसा दृष्टि के विकास में गांधीजी के योगदान की केन्द्रीयता सर्वमान्य है। उनके आत्म-बलिदान के ही कारण नहीं, बल्कि उनकी गहरी अन्तर्दृष्टि और सघन विचारशीलता

के कारण। उन्होंने अहिंसा को 'फैशन फैड' बनने से बचाया—'पवित्र हिंसा' की धारणा को चुनौती दी—अहिंसापरक मूल्य मीमांसा का विकास करने का प्रयत्न किया। जो बदलाव चाहते हैं, उनके लिए हिंसा का रास्ता अपनाना जरूरी है, इच्छा से या अनिच्छा से। जो अहिंसा की बात करते हैं—उनके लिए बदलाव का विरोध करना स्वाभाविक है। इन दोनों परस्पर सम्बद्ध धारणाओं को गांधीजी ने अभूतपूर्व दार्शनिक चुनौती दी—अहिंसा के साथ सत्याग्रह को भी उतने ही आग्रह से रेखांकित करके। गांधीजी के लिए सत्याग्रह और अहिंसा में से एक साध्य और दूसरा साधन नहीं था। इनमें से किसी एक को प्राथमिकता देना; किसी एक को चुनना सम्भव नहीं था। आप सत्याग्रही हैं तो आपको अहिंसक होना चाहिए; और आप अहिंसक हैं तो आपको सत्याग्रही होना चाहिए। गांधीजी के विचार में ये दोनों धारणाएँ शाश्वत हैं—और अपरिहार्य रूप से गुँथी हुई भी।

जाहिर है कि सत्य केवल तथ्य तक सीमित नहीं। वह 'जैसा है' की सूचना भर नहीं देता, 'जैसा होना चाहिए' का प्रस्ताव भी करता है। ऐसे प्रस्ताव अलग-अलग तो हो ही सकते हैं; परस्पर विरोधी भी हो सकते हैं। 'जैसा होना चाहिए' की परस्पर विरोधी धारणाएँ यदि हिंसा को साधन बनाएँ, अपनी मनचीती दुनिया बनाने का माध्यम बनाए तो न केवल 'अहिंसा या सर्वनाश' की चेतावनी सही साबित होगी; बल्कि साधारण लोग भी बदलाव की प्रक्रिया के परिणाम झेलने तक सीमित रह जाएँगे। जो बदलाव लोगों का प्रतिनिधित्व करने के दावों के साथ लाए जाते हैं; लोगों की भूमिका उनमें न्यूनतम रहती आई है। कारण यही कि हिंसा प्रतिनिधियों के लिए जितनी सहज होती है; लोगों के लिए नहीं हो सकती।

इसी अन्तर्दृष्टि के आधार पर गांधीजी ने अहिंसा को व्यक्तिगत सद्‌गुण से आगे बढ़ाकर जनान्दोलन में बदलने का काम किया। धार्मिक आदर्श से आगे बढ़ाकर दार्शनिक और नैतिक मूल्य में बदलने का साहस किया। अपने साहस के ऐतिहासिक महत्त्व का बोध गांधीजी को भी था। उनके परम मित्र सी.एफ. एंड्रूज ने जब यह पारम्परिक मान्यता दोहराई कि 'अहिंसा सभी धर्म-ग्रन्थों की केन्द्रीय थीम है' तो गांधीजी का जवाब था, 'मुझे तो नहीं लगता।' स्पष्ट है कि एंड्रूज 'आदर्श' की बात कर रहे थे और गांधीजी मूल्य की। एंड्रूज धर्मानुकूल अहिंसा की बात कर रहे थे और गांधीजी अहिंसापरक धर्म की, अहिंसापरक सभ्यता की, अहिंसापरक संवाद की।

अहिंसा दृष्टि का मूल है—विश्वास। मार्टिन लूथर किंग के शब्दों में इस बात का विश्वास कि 'ब्रह्मांड न्याय के पक्ष में है।' दूसरे शब्दों में अन्याय अप्राकृतिक है; अस्वाभाविक है। इस बात का विश्वास कि 'अन्य' या प्रतिपक्ष भी चूँकि अन्ततः मानवीय है इसलिए सत्याग्रह के जरिए उसे न्याय और तर्कसंगतता की ओर लाया जा सकता है। गांधीजी ने सत्याग्रह की व्याख्या करते हुए लिखा था, "सत्याग्रह दृढ़ विश्वास की पद्धति है। इस पद्धति का आधार है मानवीय सहानुभूति के तारों को झंकृत करना। तर्क से दूसरे को समझाना। इस बात का विश्वास करना कि अस्थायी रूप से कितना भी पतित क्यों न हो, मनुष्य अन्ततः मनुष्य है।" ('कलेक्टेड वर्क्स' खंड-45, पृ. 221-222).

सत्य और अहिंसा शाश्वत हैं। मूल्य के रूप में इनकी विशिष्टता की पहचान हर समय अपने-अपने ढंग से प्राप्त करता है। इक्कीसवीं सदी को इस बात का बोध अपने ढंग से प्राप्त करना होगा। विश्व-व्यवस्था का न्यायपरक रूपान्तरण आज सार्वभौम आदर्श की प्रतिष्ठा पा चुका है। इस आदर्श के विरोधी भी भाषा इसी की बोलते हैं। इराक पर हमला बुश महाराज के अनुसार, 'स्वतन्त्रता की रक्षा' के लिए ही किया गया था। यह सार्वभौम प्रतिष्ठा एक तरफ जनमत के महत्त्व को सूचित करती है तो दूसरी तरफ विश्वव्यापी संवाद की जरूरत को। ऐसा संवाद अहिंसा के बिना कैसे सम्भव होगा—विवादी स्वर उठानेवालों की भी मूलभूत मानवीयता पर विश्वास रखे बिना कैसे सम्भव होगा ? व्यापकतम भागीदारी के बिना कैसे सम्भव होगा ? और ऐसी भागीदारी अहिंसा दृष्टि के बिना कैसे सम्भव होगी।

सवाल और भी हैं। एक बुनियादी सवाल तो मनुष्य के स्वभाव का ही है। यदि आक्रामकता मनुष्य के स्वभाव में ही है (जो कि है) तो क्या अहिंसा दृष्टि निराधार नहीं हो जाती ? इस तथा ऐसे अन्य सवालों पर विचार करना ही होगा; लेकिन तब तक पेरिस के बच्चों और शीरीं इबादी के न्यौते को अस्वीकार न करें। स्वीकार न भी करें, तो उस पर भी विचार तो अवश्य करें। तीस जनवरी को विश्व-अहिंसा दिवस के रूप में रेखांकित करने के इस प्रयत्न में सहयोग करें !

1 फरवरी, 2004

वह निमन्त्रण और यह निमन्त्रण

आभार वरिष्ठ समाजकर्मी सिद्धराज ढड्ढा का। उन्होंने गांधीजी के बलिदान दिवस को विश्व अहिंसा दिवस के रूप में मनाने के प्रस्ताव को समर्थन दिया। उम्मीद है कि यह विचार और लोगों को भी अच्छा लगेगा। पेरिस के इंटरनेशनल स्कूल के बच्चों और उनके अध्यापक अक्षय बकाया की नैतिक कल्पनाशीलता से उपजा यह प्रस्ताव अहिंसा दृष्टि के विश्वव्यापी रेखांकन में सहायक हो, यह अच्छा रहेगा। नैतिक दृष्टि से भी। राजनीतिक दृष्टि से भी।

अक्षय और उनके छात्रों ने अपने तौर पर यह रेखांकन इसी तीस जनवरी को किया भी। जो कुछ करने का निमन्त्रण उन्होंने शीरीं इबादी के जरिए लोगों तक पहुँचाया, वह स्वयं भी किया। पेरिस में ऐफिल टावर के निकट परचे और बिल्ले बाँटकर उन्होंने अहिंसा, न्याय और संवाद का सन्देश कुछ लोगों तक तो संगठित रूप से पहुँचाया। विश्व-भर में यह काम, अहिंसा दृष्टि का यह रेखांकन संगठित रूप से हो सके, इसमें सभी का सहयोग चाहिए। यह सहयोग मिलेगा इसमें कोई शक नहीं। इसमें भी शक नहीं कि सहयोग का भाव बहुत से लोगों के मन में आया होगा। इस भाव का पहला स्वर, सार्वजनिक रूप से सिद्धराज जी की ओर से आया, यह इस लेखक के लिए सन्तोष बल्कि गौरव का विषय है।

अहिंसा दृष्टि के संगठित रूप से रेखांकन की जरूरत है। जरूरत इस बात की भी है कि अहिंसा दृष्टि के सामने आनेवाली समस्याओं, सम्भावित प्रश्नों पर विचार और संवाद किया जाए। मानवीय स्वभाव में हिंसा-अहिंसा का स्थान, सामाजिक संगठन और राज्यसत्ता की संरचना में हिंसा का महत्त्व, शक्ति-विमर्श (पावर-डिस्कोर्स) में हिंसा-अहिंसा का प्रश्न—ये मूलभूत मुद्दे हैं। अहिंसा दृष्टि को इन पर विचार करना ही चाहिए।

आक्रामकता मनुष्य के स्वभाव में है, यह निर्विवाद है। वैयक्तिक हो या सामाजिक, स्वार्थपरक हो, आदर्शपरक, हिंसा इसी मूलभूत आक्रामकता की अभिव्यक्ति है। इस कारण बहुत से लोगों का मानना है कि अहिंसा सिवा एक अव्यावहारिक आदर्श के न कुछ है, न हो सकती है। मनुष्य के स्वभाव को ही नहीं, प्रकृति की समूची व्यवस्था को भी यदि ध्यान में रखें तो, इस तर्क के अनुसार अहिंसा असल में अप्राकृतिक है।

मनुष्य के स्वभाव की एक और वृत्ति है स्वामित्व की। लोभ इसी वृत्ति का

व्यावहारिक रूप है। इस आधार पर बहुत से लोग पूँजीवाद को एकमात्र स्वाभाविक व्यवस्था मानते हैं। पूँजीवाद की आलोचना उन्हें न केवल अव्यावहारिक बल्कि 'मनुष्य के स्वभाव' की उपेक्षा करनेवाली प्रतीत होती है। वे पूँजीवाद को मानवीय मानते हैं क्योंकि वह मनुष्य के स्वभाव की यथार्थपरक समझ पर आधारित है। एक व्यवस्था के रूप में पूँजीवाद को खारिज करना उन्हें मनुष्यता को ही खारिज करना लगता है।

मानवीय स्वभाव के किसी एक पक्ष को उसकी मनुष्यता का एकमात्र आधार माननेवाले भूल जाते हैं कि विशुद्ध तर्क में जो चीजें विरोधाभासी लगती हैं, मनुष्य के वास्तविक जीवन में वे वैसी होती नहीं हैं। मनुष्य का अस्तित्व तार्किक विरोधाभासों का ही पुँज है। इन विरोधाभासों के सन्दर्भ में ही मनुष्य की नैतिक स्वतन्त्रता फलीभूत होती है। प्रकृति के परिवेश और व्यवस्था को यथावत् स्वीकारने की बजाय उसे अपने अनुरूप ढालने के कारण ही मनुष्य, मनुष्य है। अपने 'प्राकृतिक स्वभाव' को सामाजिक संगठन का एकमात्र आधार मानने की बजाय, पर्यवेक्षण, अनुभव और स्मृति के आधार पर अपना विवेक विकसित करने के ही कारण मनुष्य, मनुष्य है।

राज्यसत्ता को सामाजिक समझौता की परिणति माननेवाले विचारक रूसो ने मनुष्य के विरोधाभासी स्वभाव को बहुत सटीक शब्दों में समझा था। उनका मानना था कि यह स्वभाव से एकदम विरोधी वृत्तियों से परिभाषित होता है। आत्मरक्षा की वृत्ति, रूसो के अनुसार एकदम मूलभूत है। लेकिन, उतनी ही मूलभूत है करुणा की वृत्ति। आत्मरक्षा और करुणा की वृत्तियाँ, रूसो के अनुसार एक-सी महत्त्वपूर्ण हैं इनके बीच किसी पदानुक्रम का सवाल ही नहीं है। सामाजिक और राजनीतिक संगठन अपने आदर्श रूप में इसके बीच उचित सन्तुलन पर आधारित होने चाहिए। और यह सन्तुलन ही वास्तव में उपलब्ध संगठनों की समीक्षा का आधार है।

इस तरह देखने पर, मनुष्य की आक्रामकता उसके स्वभाव का अंग है, आत्मरक्षा की मूलवृत्ति के कारण। आत्मरक्षा के अलावा आक्रामकता का कोई 'प्राकृतिक' आधार नहीं है। कोई व्यवस्था सिर्फ आक्रामकता के आधार पर स्वयं को स्वाभाविक और तर्कसंगत नहीं ठहरा सकती। तार्किक रूप से उसका सम्बन्ध करुणा से भी जुड़ना चाहिए। करुणा को मानवीय सम्बन्धों का आधार बनाने का वैचारिक प्रस्ताव हजारों बरस पहले महात्मा बुद्ध कर चुके हैं। रूसो की विशेषता इस तथ्य की ओर ध्यान खींचने में है कि सामाजिक समझौते का हर रूप करुणा से जुड़े होने का दावा भी करता है। हर राज्यसत्ता करुणा की मूलवृत्ति के किसी व्यावहारिक रूप का संरक्षण करने का दावा करती है, इस संरक्षण को मर्यादा और न्याय का नाम देती हुई। इसी मानवीय मर्यादा और न्याय को समाज और राज्य की व्यवस्था की समीक्षा करने का तार्किक, सार्वभौम आधार बनाया जाना चाहिए। इसी आधार पर रूसो और अन्य विचारकों ने राजतन्त्र की दैवी-वैधता को चुनौती दी थी और इसी आधार पर मर्यादा, नैतिकता और न्याय की हर धारणा की समीक्षा की जानी चाहिए। आत्मरक्षा और करुणा की वृत्तियों के अनिवार्य सह-अस्तित्व को साधने की तर्कसंगत परिणति यह है कि व्यक्ति के रूप में भी और

समुदाय के रूप में भी हर 'आत्म' सिर्फ अपनी ही रक्षा, अपने ही हित की नहीं, 'अन्य' की भी चिन्ता करे।

आक्रामकता के सामाजिक रूप से हानिरहित रूप भी सम्भव हैं। असल में, ऐसे रूपों की खोज और रचना करना सभी संस्कृतियों की जरूरत रही है। आक्रामकता और प्रतिस्पर्धा की हानिरहित अभिव्यक्ति के लिए खेलों के आविष्कार की बात जानी-मानी है। आक्रामकता की वैयक्तिक अभिव्यक्ति को हानिरहित और नियन्त्रित बनाए रखने के लिए कायदे-कानून तो सामाजिक समझौते का आधार ही हैं।

असली सवाल आक्रामकता के संस्थाबद्ध रूप का है। व्यवस्था में अन्तर्निहित हिंसा का है। जब दावा किया जाए करुणा पर आधारित न्याय और मर्यादा का, लेकिन तथ्य हो अन्याय—तब उस अन्याय का विरोध कैसे किया जाए ?

अन्यायपूर्ण सामाजिक सम्बन्धों का आधार अन्तर्निहित रूप से हिंसक है। यह सही है। ऐसे सम्बन्धों के वैचारिक वर्चस्व को चुनौती दिए जाने पर व्यवस्थाएँ प्रकट हिंसा का सहारा लेती हैं। यह भी सही है। लेकिन क्या हिंसा के प्रतिरोध का भी हिंसक होना ही सही है ?

ध्यान देने की बात यह है कि हिंसा केवल सामाजिक सम्बन्धों का आधार मात्र नहीं रहती। वह स्वयं को भी एक सामाजिक सम्बन्ध के रूप में रचती है। वह केवल साधन न रहकर स्वयं में साध्य बन जाती है। यह बात धार्मिक व्यवस्थाओं के सन्दर्भ में भी सच है और गैर-धार्मिक, सेकुलर व्यवस्थाओं के सन्दर्भ में भी। हिंसा स्वयं एक सामाजिक सम्बन्ध है इस बात को ध्यान में रखें तो समझ में आ जाता है कि निःस्वार्थ या 'पवित्र' हिंसा को स्वार्थ पूर्ण, व्यक्तिगत 'अपवित्र' हिंसा से अलग करना व्यवस्थाओं के लिए क्यों जरूरी है। अहिंसा को नैतिक आचरण के प्रतिमान की बजाय सिर्फ एक आदर्श—असम्भव आदर्श के रूप में देखना और दिखाना क्यों जरूरी है। आदर्श के रूप में अहिंसा, व्यवस्था की अन्तर्निहित हिंसा के काबू में रहती है। मूल्य के रूप में अहिंसा—हिंसा के सामाजिक सम्बन्धों की मूलभूत समीक्षा का आधार बन जाती है। वह स्वयं एक सामाजिक सम्बन्ध बन चुकी हिंसा के दूरगामी विकल्प की खोज का प्रस्ताव बन जाती है। भिन्न प्रकार के सामाजिक सम्बन्ध का प्रस्ताव बन जाती है। सफाए की बजाय संवाद का प्रस्ताव।

इस अर्थ में अहिंसा दृष्टि का रेखांकन किसी व्यक्तिगत आदर्श या आस्था भर का रेखांकन नहीं है। वह हिंसा का दोहरा प्रतिवाद है। सामाजिक सम्बन्धों में अन्तर्निहित हिंसा का, अन्याय का, प्रतिवाद तो वह है ही। साथ ही वह स्वयं एक सामाजिक सम्बन्ध बन चुकी हिंसा का भी प्रतिवाद है। वह उस स्थिति का प्रतिवाद है जिसमें हिंसा का

हिंसक प्रतिरोध स्वयं हिंसा के जारी रहने का आधार बन जाता है। हिंसा की समाप्ति का प्रयत्न हिंसा के ही पुनरुत्पादन का अनुष्ठान बन जाता है। एकदम व्यावहारिक धरातल पर देखें तो हिंसा का पुनरुत्पादन, संगठित हिंसा और अन्याय पर आधारित व्यवस्था को और अधिक हिंसक होने का अवसर देता है। और उसी अनुपात में वह न्याय की सम्भावना तथा मनुष्य की करुणा वृत्ति को ताकत देने की बजाय कमजोर ही बनाता है।

जिस व्यवस्था और जिस विचार को अपने न्यायसंगत होने में जितना कम विश्वास होता है, वह हिंसा का उतना ही अधिक आह्वान करता है। हिंसा प्राकृतिक तथ्य है, तो अहिंसा सांस्कृतिक मूल्य। हिंसा तथ्य है तो अहिंसा सत्य। तथ्य और सत्य के सूक्ष्म अन्तर को ध्यान में रखना चाहिए। अन्याय पर आधारित व्यवस्था हो या आत्मविश्वास की दृष्टि से कमजोर विचारधारा, इस अन्तर को भुलाने का प्रयत्न करती है। खासकर संगठित धर्म पवित्र और अपवित्र हिंसा के बीच फर्क करके मूल्यपरक अहिंसा दृष्टि के विकास में बाधक बनता है।

समाजशास्त्री बैरिंगटन मूर ने विचारोत्तेजक अध्ययन प्रस्तुत किया है—''इतिहास में नैतिक शुद्धता और उत्पीड़न ('मॉरल प्यूरिटी एंड पर्सिक्यूशन इन हिस्ट्री' प्रिंसटन, 2000)।'' एकेश्वरवादी धर्मों के सन्दर्भ में 'पवित्र' हिंसा का अध्ययन करते हुए मूर एक जगह कहते हैं, ''धार्मिक शुद्धता की रक्षा के लिए हत्याकांड का निमन्त्रण हमारे साथ सदियों से रहता चला आया है।'' धार्मिक ही क्यों, अन्य प्रकारों की शुद्धता की रक्षा के लिए भी हिंसा का यह निमन्त्रण हमारे साथ सदियों से रहता चला आया है। हम कभी विवशता से, कभी स्वेच्छा से वह निमन्त्रण स्वीकार भी करते आए हैं। क्यों न एक बार यह निमन्त्रण स्वीकार करें—अहिंसा दृष्टि के विश्वव्यापी रेखांकन का निमन्त्रण। पेरिस के बच्चों का यह निमन्त्रण !

15 फरवरी, 2004

सहजानन्द सरस्वती का 'गीता धर्म'

कोई पन्द्रह बरस पहले की बात होगी। एक निजी बहस में स्वर्गीय अरविन्द नारायण दास ने कहा, "हिन्दू धर्म में किसी तरह की लिबरेशन थियॉलॉजी सम्भव ही नहीं है।" बहस चल रही थी, लैटिन अमेरिका के रोमन कैथॉलिक पादरियों द्वारा ईसा मसीह के जीवन और वचनों को क्रान्तिकारी ढंग से पढ़ने के प्रसंग में। पिछली सदी के सातवें दशक में लैटिन अमेरिका ही नहीं, अन्य जगहों पर भी बहुत से पादरियों ने कम्युनिस्टों के साथ मिलकर क्रान्तिकारी संघर्षों में हिस्सा लिया। ऐसे संघर्षों को धर्म विरोधी कहे जाने का विरोध करते हुए उन्होंने इन संघर्षों को सच्ची ईसाइयत का प्रमाण माना। इस क्रम में, जो सैद्धान्तिकी उन्होंने विकसित की, उसी को मुक्तिकामी धर्मशास्त्र या लिबरेशन थियॉलॉजी कहा जाता है।

अरविन्द नारायण दास का कहना था कि ऐसी कोई लिबरेशन थियॉलॉजी हिन्दू विमर्श परम्परा के भीतर सम्भव नहीं। अरविन्द का अध्ययन बहुत व्यापक था और अन्तर्दृष्टि गहरी। खाँटी मार्क्सवादी होने के नाते वे गांधीजी के प्रति सारे सम्मान के बावजूद उनके चिन्तन और व्यवहार को क्रान्तिकारी तो नहीं ही मानते थे। वर्ग सम्बन्धों में बदलाव की कसौटी पर गांधीजी उन्हें प्रेरणादायक की बजाय समस्यामूलक ही लगते थे। अरविन्द मिथिलांचल के थे और बिहार के सामाजिक इतिहास और वर्तमान का गहरा अध्ययन उन्होंने किया था। उनकी बात में जरूर दम रही होगी। यों भी यह मान्यता वामपन्थी सोच के संस्कार में बद्धमूल-सी है कि 'हिन्दू धर्म' और उसकी विमर्श परम्परा में किसी लिबरेशन थियॉलॉजी का विकास हो ही नहीं सकता।

स्वामी सहजानन्द सरस्वती का जन्म गाजीपुर जिले के देवाग्राम में हुआ था। अठारह वर्ष की आयु में ही वे संन्यासी हो गए। सहजानन्द उन्नीस सौ बीस में गांधीजी के सम्पर्क में आए और उन्नीस सौ तीस तक कांग्रेस में अत्यधिक सक्रिय रहे। किसानों की समस्याओं के बारे में कांग्रेस के रवैए और सत्य-अहिंसा जैसे सवालों पर कथनी-करनी के अन्तर के कारण स्वामीजी का मन कांग्रेस से भर गया। उन्होंने किसान सभा का गठन किया और राष्ट्रीय आन्दोलन को वर्ग-संघर्ष की सैद्धान्तिकी से जोड़ा, चिन्तन में भी, व्यवहार में भी। सहजानन्द सरस्वती और उनकी किसान सभा को भूलकर उत्तर भारत के किसान आन्दोलन के इतिहास की कल्पना नहीं की जा सकती। सन् चालीस तक सहजानन्द बाकायदा मार्क्सवादी हो चुके थे, लेकिन एक बड़े भारी फर्क के साथ।

'गीता का अभ्यास बराबर बना रहा।' स्वामीजी के अपने शब्द हैं ये।

उन्नीस सौ बयालीस में स्वामीजी ने हजारीबाग जेल में गीता का अपना भाष्य पूरा किया। नाम रखा—'गीता हृदय।' प्रकाशन हुआ उन्नीस सौ अड़तालीस में। गीता के भाष्य और अध्ययन आधुनिक काल में बहुत से हुए हैं। वास्तव में, सामाजिक सक्रियता के प्रेरणास्रोत के रूप में गीता का पाठ आधुनिक काल में ही हुआ है। परिवर्तन के लिए हिंसा को अनिवार्य माननेवालों द्वारा भी और गांधीजी सरीखे अहिंसावादी द्वारा भी। सहजानन्द सरस्वती गीता को सामाजिक परिवर्तन के प्रेरक पाठ के रूप में ही पढ़ते हैं। विशेषता उनकी यह है कि वे गीता को आधुनिक काल के आरम्भिक क्रान्तिकारी की तरह, किसी वीर नायक के लिए धार्मिक वैधता और प्रेरणा का स्रोत-भर नहीं मानते। वे सामाजिक परिवर्तन के लिए सामूहिक कर्म में लगे व्यक्ति की नैतिकता के प्रतिमान गीता में खोजते हैं। सहजानन्द सरस्वती की दिलचस्पी गीता का ऐतिहासिक विश्लेषण करने में भी नहीं है। गीता का ऐतिहासिक रूप से निर्धारित 'वर्ग-सार' खोजने का काम वे नहीं करते, वे गीता को जीवन्त पाठ की तरह पढ़ते हैं।

लेकिन इन सबसे ज्यादा महत्त्वपूर्ण और उत्तेजक यह तथ्य है कि सहजानन्द सरस्वती गीता को किसी धर्म के प्रतीक के रूप में—'धर्म ग्रन्थ' के रूप में नहीं पढ़ते। उनके अनुसार गीता, शब्द के प्रचलित अर्थ में 'धर्म-ग्रन्थ' नहीं, बल्कि धर्म के अर्थ का ही विस्तार बल्कि रूपान्तरण कर देनेवाला ग्रन्थ है। उनका पाठ गीता की काया और उस पर पहनाए गए वस्त्राभूषणों का पाठ नहीं कर 'गीता-हृदय' का पाठ है। गीता का हृदय, स्वामीजी के अनुसार मुक्तिकामी आध्यात्मिकता, सार्वभौम नैतिकता और परिवर्तनपरक कर्मोन्मुखता में बसता है, परम्परा से स्वीकृत चले आ रहे 'निष्क्रिय वेदान्तवाद और अध्यात्मवाद' में नहीं। वे 'गीता हृदय' में श्रम, प्रेम और मुक्ति की सक्रिय आध्यात्मिकता खोजते हैं और इसे नाम देते हैं 'गीता-धर्म।' और इस 'गीता-धर्म' के बारे में कहते हैं कि वह मार्क्सवाद का विरोधी नहीं, बल्कि उसका पोषक है।

सहजानन्द सरस्वती का प्रेरणादायक, विचारोत्तेजक महत्त्व इस बात में है कि वे मुमुक्षा का तार्किक अर्थ विस्तार करते हैं। परम्परा का नया पाठ गढ़ने की बजाय वे पारम्परिक विमर्श को चुनौती देते हैं कि वह स्वयं अपनी तार्किक परिणति तक पहुँचे। यदि मोक्ष जीवन का चरम लक्ष्य है, यदि मुमुक्षा से ही मनुष्यता परिभाषित होती है तो उन सामाजिक सम्बन्धों के प्रति उदासीनता कैसे बरती जा सकती है जो इस चरम लक्ष्य की सिद्धि को असम्भव बना डालते हैं। यदि मुमुक्षा के कारण ही मनुष्य मनुष्य है तो तार्किक रूप से वे सामाजिक सम्बन्ध मनुष्य-विरोधी होंगे जो मुमुक्षा के आड़े आते हैं।

ठीक ऐसे ही सवाल जब ईसाई विमर्श परम्परा में पूछे गए तो लिबरेशन थियॉलॉजी

विकसित हुई। यदि स्वर्ग का राज्य वंचितों और उत्पीड़ितों के लिए है तो ईसा का शरीर होने का दावा करनेवाला चर्च उत्पीड़कों के साथ कैसे हो सकता है ? यदि स्वयं ईसा बढ़ई और उनके निकटतम मित्र मछुआरे, देहाती वैद्य, 'पतित औरतें' व साधारण लोग थे, तो चर्च के संगठन में ऐसे लोगों का हाशियों तक पर अता-पता क्यों नहीं है ? यदि ईश्वर ने अपने इकलौते पुत्र की असहनीय पीड़ा इसलिए सम्भव और सहन की ताकि 'कष्ट सहन द्वारा क्रान्ति' हो सके तो सच्ची ईसाइयत लोगों को कष्ट देने में है या उनके कष्टों का निवारण करने में ?

ऐसे सवाल पूछनेवाले ईसाई विमर्श को सातवें दशक में ठीक वही चुनौती दे रहे थे, जो चौथे दशक में सहजानन्द हिन्दू विमर्श को दे रहे थे। स्वयं अपनी तार्किक परिणति तक पहुँचने की चुनौती। ऐसी ही चुनौती से लिबरेशन थियॉलॉजी सम्भव हुई और उससे कई बरस पहले सम्भव हुआ सहजानन्द सरस्वती का गीता-धर्म। सहजानन्द का जीवन, व्यवहार और चिन्तन प्रमाणित करता है कि हिन्दू धर्म परम्परा के भीतर लिबरेशन थियॉलॉजी सैद्धान्तिक रूप से असम्भव तो नहीं है।

29 फरवरी, 2004

'गीता धर्म' और 'गीता हृदय'

'गीता हृदय' शीर्षक से गीता का भाष्य करते हुए स्वामी सहजानन्द सरस्वती ने जो 'प्रारम्भिक शब्द' लिखे, उन्हें ध्यान से पढ़ना और गुनना चाहिए। लिखते हैं, ''बेशक गीता के साथ मेरा पहला सम्बन्ध केवल धार्मिक था—धार्मिक उसी मानी में जिसमें इस शब्द का आमतौर से व्यवहार किया जाता है और अब भी तो वह सम्बन्ध धार्मिक ही है। फर्क इतना ही है कि पहले का 'केवल' हट गया है। या यों कहिए कि धर्म का रूप बहुत व्यापक बन गया है। इसे व्यापक तो और लोग भी कहते और मानते हैं। मगर मेरे सम्बन्ध में इसकी व्यापकता कुछ निराली है और 'गीता-हृदय' की पंक्तियाँ इसे साफ बताती हैं। सारांश यह कि गीता के सार्वभौम धर्म ने मेरे धर्म को भी अपना लिया है और उसे भी सार्वभौम बना डाला है। यही तो मेरे वेदान्त का असली अद्वैतवाद है। एक समय था, जब मैं गीता में संकुचित मुक्ति का मार्ग देखता था, निष्क्रिय वेदान्तवाद और अध्यात्मवाद की झाँकी पाता था। परन्तु आज ये सभी चीजें व्यापक और सार्वभौम हो गई हैं, पूर्ण सक्रिय हो गई हैं। एक वक्त था—और वह आज से प्रायः छह साल पहले तक था जब मैं मानता था कि मेरे जैसे गीता-प्रेमी के लिए मार्क्सवाद में स्थान नहीं है—और यह कि गीताधर्म का मार्क्सवाद के साथ मेल नहीं है—विरोध है ! मगर आज ? आज तो यह खयाल सपने की चीज हो गई है और मैं न सिर्फ यह मानता हूँ कि गीताधर्म का मार्क्सवाद के साथ बिरोध नहीं है; किन्तु मेरे जानते गीताधर्म मार्क्सवाद का पोषक है। मेरे खयाल से गीता के 'सर्वभूतात्मभूतात्मा' और 'सर्वभूतहितेरताः' सिवाय सच्चे मार्क्सवादियों के और कौन हो सकते हैं ? वही तो समस्त मानव समाज का पुनर्निर्माण इस तरह करना चाहते हैं कि एक भी आदमी दुखी, पराधीन, समुन्नति के सभी साधनों से वंचित न रहने पाए।'' ('स्वामी सहजानन्द सरस्वती ग्रन्थावली-3' प्रकाशन संस्थान, नई दिल्ली, 2003, पृ. 4-5)।

सहजानन्द सरस्वती के 'गीता-हृदय' का अद्वितीय महत्त्व इस बात से है कि उसकी रचना जनता को प्रभावित करने के लिए पवित्र धर्म-ग्रन्थ का उपयोग करने की उपयोगितावादी रणनीति के तहत नहीं हुई। इस महत्त्व को समझने-स्वीकारने के लिए उनकी हर स्थापना से सहमत होना कतई जरूरी नहीं। जरूरी है उस कशमकश के प्रति संवेदनशील होना जिससे सहजानन्द सरस्वती के उपरोक्त शब्द ही नहीं, उनकी सारी सक्रियता उपजी—जिसके कारण उनका जीवन-संघर्ष सम्भव हुआ। कशमकश इस बात

पर कि 'मेरे जैसे गीता प्रेमी के लिए मार्क्सवाद में स्थान' है, या नहीं है ! इसी बुनियादी सवाल के साथ सहजानन्द 'गीता-हृदय' की खोज करते हैं। यह खोज इतनी विचारोत्तेजक इसलिए है कि उनके पास हिन्दू धर्म-दर्शन और स्वयं गीता सम्बन्धी वाद-विवाद की गहरी जानकारी भी है और मार्क्सवादी पद्धति और सरोकारों का गहरा बोध भी। साथ ही है जनजीवन के साथ वास्तविक जुड़ाव और खासकर इस बात के अनुभव कि "किसान कैसे लड़ते हैं ?" इस लड़ाई की भाषा विकसित करने में सहजानन्द के 'गीता-प्रेम' की अपनी भूमिका थी। इस भूमिका का विचारोत्तेजक अध्ययन हाल ही में युवा इतिहासकार अरुण कुमार ने अपनी पुस्तक 'रि-राइटिंग दि लैंग्वेज ऑफ पॉलिटिक्स' में किया है।

सहजानन्द सरस्वती जानते हैं कि हिन्दू परम्परा में मोक्ष को मानव जीवन का सर्वोच्च लक्ष्य माना गया है। मोक्ष-मुक्ति काहे से ? संसार चक्र से। तरीका क्या है ? समाज से उदासीनता। आत्मलीनता। वैराग्य। इन पारम्परिक प्रश्नोत्तरों से अच्छी तरह वाकिफ सहजानन्द इनके निष्कर्ष को स्पष्ट शब्दों में 'संकुचित मुक्ति का मार्ग' कहते हैं। यह मार्ग आत्म की चेतना और समाज के प्रति उदासीनता को एकदम पर्यायवाची नहीं तो परस्पर निर्भर तो बना ही देता है। इस मार्ग पर चलकर सर्वभूतहितरत होने की दशा जीवनक्रम को परखने का नैतिक प्रतिमान बनने की बजाय एक असम्भव, अव्यावहारिक आदर्श बन जाती है। संकुचित मुक्ति का यह मार्ग अन्याय और अकरुणा के औचित्य निरुपण का; सामाजिक उत्पीड़न और संरचनागत अन्याय को दैवीय व्यवस्था मानने का मार्ग भी बन जाता है। 'निष्क्रिय वेदान्तवाद और अध्यात्मवाद' ऐसे ही औचित्य निरुपण—रेशनलाइजेशन—का सैद्धान्तिक रूप है।

'गीता-प्रेमी' सहजानन्द सरस्वती का सवाल इस रेशनलाइजेशन की बुनियादी खामी पर उँगली रखता है। मोक्ष यदि लक्ष्य है—तो अव्वल तो वह मनुष्य मात्र का लक्ष्य है; इसीलिए वे गीता को धर्म-विशेष के प्रतीक या पवित्र-ग्रन्थ की तरह नहीं पढ़ते। वे उसे मनुष्य मात्र की मुक्ति-कामना के प्रसंग में पढ़ते हैं, और इसीलिए गीताधर्म को ऐसी मुक्ति-कामना का सार्वभौम धर्म मानते हैं। 'गीता-हृदय' की विस्तृत भूमिका में वे इस बात पर बल देते हैं कि "धर्म-अधर्म की सर्वसाधारण धारणा निहायत ही थोथी और ऐन मौके पर खतरनाक हो जाती है।" असली सवाल है—करणीय कर्म के प्रतिमान का। नैतिक कर्म के निर्धारण का—और इस प्रसंग में सहजानन्द याद दिलाते हैं, "कि जहाँ गीता में शुरू से लेकर अन्त तक कर्म का उल्लेख सैकड़ो बार कर्म शब्द से करने के अलावे कार्य, कर्तव्य, युद्ध, यज्ञ, यत्न, योग आदि शब्दों से किया है, तहाँ धर्म शब्द मुश्किल से किसी-न-किसी रूप में—अधर्म, धर्म्म, साधार्म्य के रूप में भी—सिर्फ तैंतीस बार आया है।" (वही, पृ. 115) दूसरे शब्दों में, गीता का उद्देश्य 'धर्म-अधर्म की सर्वसाधारण धारणा' का प्रचार करना नहीं, बल्कि उस धारणा को प्रश्नविद्ध करना है। इस धारणा के स्थान पर नैतिक कर्म की प्रतिष्ठा करना है। धर्म की प्रचलित धारणा का विस्तार बल्कि रूपान्तरण ही कर डालता है—'गीता-धर्म।'

गीता का बल धर्म पर नहीं कर्म पर है—इसे तार्किक ढंग से रेखांकित करते हुए

सहजानन्द कर्म के नैतिक मूल्यांकन का सवाल उठाते हैं। उनका यह सवाल गीता को तरह-तरह के 'धर्मशास्त्रियों के झमेलों' से मुक्तकर परिवर्तनोन्मुख कर्म के ग्रन्थ में तब्दील कर देता है। स्वामीजी के कोई बीस साल बाद लोकप्रिय हुए मुहावरे की सहायता लें तो मुक्तिकामी धर्मशास्त्र—लिबरेशन थ्यॉलॉजी—के ग्रन्थ के रूप में। स्वामीजी का सवाल स्वाभाविक और सहज है—इसी कारण 'निष्क्रिय वेदान्तवाद' के लिए विस्फोटक भी।

सवाल यह है कि गीता द्वारा वर्णित स्थितप्रज्ञ कर्मयोगी यदि 'सर्वभूतहितरत' होता है तो वह शोषण और अन्याय के प्रति उदासीन कैसे रह सकता है ? सर्वभूतहित—सभी का भला-मानव समाज का पुनर्निर्माण किए बिना; प्रकृति के प्रति शुद्ध दोहन के दृष्टिकोण का त्याग किए बिना कैसे सम्भव है? यदि मोक्ष की साधना सभी को करनी चाहिए तो ऐसी साधना सम्भव करनेवाले समाज का निर्माण करने के कर्म के प्रति 'कर्मयोगी' उदासीन कैसे रह सकता है ? इसी सवाल से वह सवाल निकलता है जिसके उत्तर का विस्तार समूचे 'गीता-हृदय' में किया गया है—"गीता के सर्वभूवात्मभूतात्मा और सर्वभूतहितेरताः सिवाय सच्चे मार्क्सवादियों के और कौन हो सकते हैं ?"

अभाव से, अप्रिय से, असुन्दर से मोक्ष का सपना मनुष्य का सार्वभौम और शाश्वत सपना है। अन्याय, अत्याचार और अनावश्यक बन्धनों से मुक्ति की इच्छा ही मनुष्य को मनुष्य बनाती है। मोक्ष की पारम्परिक अवधारणा इस इच्छा का अस्तित्व स्वीकार तो करती है, लेकिन केवल आध्यात्मिक सन्दर्भ में, केवल व्यक्ति के प्रसंग में। इसीलिए 'संकुचित अर्थ' में। मोक्ष की यह इच्छा-मुमुक्षा—मनुष्य की चेतना में बद्धमूल है। इसी बद्धमूल मुमुक्षा के कारण; अपने 'संकुचित रूप' के बावजूद मोक्ष की पारम्परिक धारणा लोगों को आकर्षित करती आई है।

'गीता-हृदय' मुमुक्षा का तार्किक अर्थ विस्तार करता है। वह मुमुक्षा के आध्यात्मिक पहलू के साथ उतना ही अनिवार्य सामाजिक पहलू जोड़ देता है। सहजानन्द सरस्वती के गीता-पाठ के फलस्वरूप मोक्ष की धारणा अपने सहज, स्वाभाविक सन्दर्भ से फिर से जुड़ जाती है। यह सन्दर्भ है वेदना की द्वन्द्वात्मकता का। मनुष्य का अस्तित्व है ही इस द्वन्द्वात्मकता के फलस्वरूप। सहजानन्द सरस्वती अपनी गहरी अन्तर्दृष्टि और गम्भीर तार्किकता के सहारे रेखांकित करते हैं कि मनुष्य की आध्यात्मिक वेदना और उसकी सामाजिक वेदना एक ही द्वन्द्वात्मक समग्रता में स्थित है। 'सामाजिक' की उपेक्षा करनेवाला 'अध्यात्मवाद' संकुचित है।

सहजानन्द सरस्वती के विचार तब और भी महत्त्वपूर्ण लगते हैं जबकि इस बात का ध्यान रखा जाए कि उनके समय तक दुनिया में कहीं भी धार्मिक संवेदना और मार्क्सवादी दृष्टि के बीच ऐसे विचारात्तेजक संवाद का अता-पता नहीं था। ईसाई परम्परा के भीतर लिबरेशन थ्यॉलॉजी विकसित होने में अभी बीस-पचीस बरस बाकी थे। अन्तोनियो ग्राम्शी के विचारों के प्रभाव में यूरोपीय कम्युनिस्ट पार्टियों ने धर्म के प्रति अपने रुख पर पुनर्विचार किया—उनसे सहजानन्द सरस्वती के वाकिफ होने का कोई प्रमाण नहीं मिलता। मार्क्स का जो लेखन मनुष्य की आध्यात्मिक वेदना के संगठित धर्म

द्वारा वस्तुकरण पर विचार करता है—वह भी स्वामाजी को सुलभ नहीं था।

लेकिन जो उन्हें सुलभ था, उसका महत्त्व कम नहीं है। 'गीता-हृदय' भारतीय चिन्तन परम्परा, हिन्दू धर्म विमर्श के अपने वाद-विवाद और गीता की पारम्परिक व्याख्याओं, भाष्यों से लेखक के ऐसे गहरे और आत्मीय परिचय का साक्ष्य देता है, जिसे प्रमाणित करने के लिए उद्धरणों के साक्ष्य देने की जरूरत नहीं पड़ती। इसी परिचय के आधार पर स्वामीजी सहज रूप से मानकर चल सकते थे कि सृष्टि का निर्माण करके उससे अलग अपनी सत्ता में मगन रहनेवाले ईश्वर की अवधारणा गीता के केन्द्र में नहीं है। उनके लिए ऐसा मानकर चल सकना सहज इसलिए था क्योंकि भारतीय दर्शन परम्परा का कोई भी विद्यार्थी जानता है कि इस परम्परा में ईश्वर और ईश्वरवाद बहुत प्रबल नहीं है। 'वेदनिन्दक' होने के कारण 'नास्तिक' कहे गए बौद्ध, जैन और चावार्क दर्शन ही नहीं; वेद को स्वीकार करने के कारण 'आस्तिक' माने गए सांख्य की दर्शन प्रणाली में भी ईश्वर महत्त्वहीन है। वह निर्माता नहीं, स्वयं एक वैचारिक निर्मिति है। स्वयं वेदान्त का ब्रह्म भी ईश्वर से गुणात्मक रूप से भिन्न विचार है। वेदान्त के अद्वैतवाद और यहूदी-ईसाई-इस्लामी परम्परा के एकेश्वरवाद में गहरा फर्क है—और इस फर्क की उपेक्षा करनेवाले न अद्वैतवाद की सीमा-सम्भावना समझ सकते हैं न एकेश्वरवाद की।

सहजानन्द सरस्वती का 'गीता-धर्म' केवल उनकी मौलिक प्रतिभा का चमत्कार नहीं है। वे पारम्परिक विमर्श का मनमाना पाठ नहीं गढ़ते। उस विमर्श की अपनी सत्ता को बनाए रखते हुए वे उसकी अपनी तार्किक परिणति के सवाल उठाते हैं। ये सवाल उठाए जा सकते हैं क्योंकि स्वयं उस पारम्परिक विमर्श में इन्हें उठाए जाने की तार्किक गुंजाइश मौजूद है। जरूरत उस गुंजाइश को रेखांकित करने की हिम्मत की थी—सहजानन्द सरस्वती का 'गीता-हृदय' यह हिम्मत करता है। इसीलिए उनका गीता-पाठ, बहुत से आधुनिक गीता-पाठों की तुलना में, पद्धतिगत रूप से पारम्परिक विमर्श में अपना स्थान बना सकने में अधिक सक्षम है। बावजूद उन निष्कर्षों के जो गीता के पारम्परिक व्याख्याकारों में से अधिकांश को असुविधाजनक ही लगेंगे।

जरूरत मार्क्सवादी विमर्श की तार्किक परिणतियों का संकेत करनेवाली हिम्मत की भी थी। सहजानन्द सरस्वती के पास यह हिम्मत भी थी। इसका पहला प्रमाण तो अपने 'गीताप्रेमी' होने की घोषणा करना ही था। इसी हिम्मत के कारण वे गीता को वर्ग-संघर्ष की अवस्था विशेष के 'ऐतिहासिक दस्तावेज' की तरह नहीं, ऐसे जीवन्त पाठ की तरह पढ़ते हैं, जो नैतिक कर्म निर्धारित करने की शाश्वत समस्या के प्रसंग में विचारोत्तेजना देता है।

धर्म के सम्बन्ध में विकसित हुए मार्क्सवादी विमर्श की मूलभूत समस्या यह है कि वह एकेश्वरवाद की धारणाओं से गहरे में 'कंडीशंड' है। इसीलिए इस विमर्श में धर्म और ईश्वरवाद को ही नहीं, आध्यात्मिकता और ईश्वरवाद को भी पर्याय मान लिया गया है। धर्म की परिघटना को सिर्फ एकेश्वरवादी धर्मों तक सीमित कर लेने का ही परिणाम है कि न तो धर्म और अध्यात्म के बीच भेद-विवेक किया जाता है; और न धर्म की समूची

परिघटना की विश्वसनीय समीक्षा विकसित हो पाती है। धर्म परिघटना की एकेश्वरवाद से भिन्न समझ और परम्परा के गहरे जानकार सहजानन्द 'मार्क्सवाद और धर्म' पर विस्तृत विचार करते हैं। इस विचारक्रम से जो निष्कर्ष वे प्राप्त करते हैं वह रोचक और विचारोत्तेजक तो है ही—'आस्थावान' मार्क्सवादी के लिए खासा असुविधाजनक भी है : "ऐसे धर्मों या धर्म की सम्भावना भी इससे सिद्ध हो जाती है, जिनका विरोध मार्क्स को इष्ट नहीं है। हमने गीताधर्म के निरुपण में धर्म का जो रूप गीता को मान्य बताया है वह तो वर्तमान धर्म से जुदा ही है। इसलिए उसके साथ भी मार्क्स का विरोध नहीं है, ऐसा सिद्ध हो जाता है।" (वही, पृ. 78)

जाहिर है कि यह निष्कर्ष विवादास्पद है लेकिन ध्यान देने की बात यह है कि सहजानन्द के अनुसार 'गीता-धर्म' कोई संगठित धर्म, किसी समूह विशेष की अस्मिता का वाचक नहीं, किसी तरह का आस्थातन्त्र नहीं, बल्कि नैतिक कर्म की मानवीय खोज का प्रस्ताव है, इसीलिए वह मार्क्सवाद का विरोधी नहीं, उसका पोषक है।

14 मार्च, 2004

भावनाओं का बवाल है, भैया

जी हाँ, सवाल नहीं बवाल ! अपने देश में राजनीति, बल्कि समूचा सामाजिक सत्ता-विमर्श अब ऐसी स्थिति को प्राप्त हो गया है कि भावनाओं के सवाल की जगह बवाल की ही बात करनी चाहिए। इस बवाल का एक कमाल यह भी है कि संसार में सबसे बड़े लोकतन्त्र के प्रधानमन्त्री महोदय एद अमेरिकी प्रोफेसर को चेतावनी दे रहे हैं। विरोधी दलों–कांग्रेस और राष्ट्रवादी कांग्रेस–की महाराष्ट्र सरकार जेम्स लेन के ही नहीं, उनसे बातचीत करनेवाले विद्वानों के भी खिलाफ कानूनी कार्रवाई करने की तैयारी कर रही है। कम-से-कम महाराष्ट्र में तो जेम्स लेन की किताब 'शिवाजी : हिन्दू किंग इन मुस्लिम इंडिया' एक महत्त्वपूर्ण चुनावी मुद्‌दा बन ही गई है। सवाल एक अकादमिक किताब का न रहकर मराठा और हिन्दू अस्मिता बन गया है।

एकाएक मन में आता है : जेम्स लेन को कैसा लग रहा होगा, इस वक्त ! शायद उन्हें गर्व हो रहा है कि उनकी किताब को मुद्‌दा बनाकर संसार का सबसे बड़ा लोकतन्त्र अपने प्रतिनिधियों का चुनाव कर रहा है। शायद उन्हें डर लग रहा हो कि न जाने अब किस ग्रीन कार्ड होल्डर 'सच्चे भारतीय' का दूरस्थ राष्ट्रवाद जोर मार जाए। शायद उन्हें चिन्ता हो रही हो उन मित्रों की, जिनके प्रति आभार प्रकट करने का 'अपराध' उन्होंने किया है। हो सकता है उन्हें खीझ हो रही हो कि कहाँ झंझट मोल ले ली। अनुमान ही किया जा सकता है; पता नहीं जेम्स लेन को कैसा लग रहा होगा इस समय !

जो साफ दीख रहा है, वह यह कि हमारे राजनेताओं को कैसा लग रहा है। प्रधानमन्त्री ने कुछ दिन पहले कहा था कि पुस्तकों पर प्रतिबन्ध लगाना व्यर्थ है। यदि आपकी भावनाएँ आहत हुई हैं तो पुस्तक का जवाब पुस्तक से दीजिए। स्वाभाविक रूप से उनके इस बयान से बहुत सारे लोग प्रभावित हुए; प्रधानमन्त्री की राजनीति के कई विरोधियों को सुखद आश्चर्य भी हुआ : "कितनी सही बात कह दी, अटलजी ने !" यह और बात है कि 'सुखद आश्चर्य' उत्पन्न करनेवाली ऐसी बातों पर अटलजी आमतौर से अटल नहीं रहते। दंगा पीड़ितों के बीच कहते हैं : "क्या मुँह लेकर दुनिया के सामने जाऊँगा ?" और कुछ ही दिन बाद न्यूटन के क्रिया-प्रतिक्रिया सिद्धान्त के नरेन्द्र मोदी संस्करण पर स्वीकृति का ठप्पा लगा देते हैं। सो, कम-से-कम अपन को तो कोई आश्चर्य हुआ नहीं–न सुखद न दुखद ! जब ऐसा लगने लगे कि महाराष्ट्र के गृहमन्त्री को हिन्दू/

मराठा अस्मिता की चिन्ता प्रधानमन्त्री से कहीं ज्यादा है तो प्रधानमन्त्री सुखद आश्चर्य उत्पन्न करने पर भला क्यों अटल रहें? गनीमत इतनी ही समझिए अभी तक उन्होंने माननीय गोपीनाथ मुंडे के सुझाव का समर्थन नहीं किया है।

मुंडेजी का सुझाव वैसे है जोरदार। क्यों न हो, वे हैं ही जोरदार आदमी। उनकी माँग है कि जवाहरलाल नेहरू की पुस्तक 'भारत की खोज' पर प्रतिबन्ध लगाया जाए। कारण यह कि इस पुस्तक में शिवाजी के बारे में जो 'आपत्तिजनक' बातें कही गई हैं वे 'भावनाओं को आहत' करनेवाली हैं। मुंडेजी को थोड़ा और आगे बढ़ना चाहिए। इसी बहाने उन्हें कुछ किताबें पढ़ लेनी चाहिए। खोजेंगे तो पाएँगे कि एक 'भारत की खोज' क्या, ऐसी अनेक पुस्तकें हो सकती हैं, जो उनकी कोमल भावनाओं को ठेस पहुँचाएँ। फिर उन्हें अपने जैसे और लोगों के बारे में भी सोचना चाहिए। जैसे उनकी भावना को पुस्तक विशेष ने ठेस पहुँचाई, वैसे और किताबें और लोगों को ठेस पहुँचा सकती हैं। सो क्यों न लक्षणों का उपचार करने की बजाय सीधे रोग की जड़ पर ही हमला किया जाए ! भय, भूख, भ्रष्टाचार से मुक्त समाज तो राम जाने बनेगा या नहीं; पुस्तक-मुक्त समाज तो बनाया ही जा सकता है। लेकिन कुछ पुस्तकें तो अपने काम की भी होती हैं—उनसे समाज को भला क्योंकर मुक्त किया जाए।

इस उलझन का एक समाधान विचारार्थ प्रस्तुत है। ऐसा करें कि 'आहत भावनाओं और आक्रान्त अस्मिताओं' का एक राष्ट्रीय आयोग बनाएँ। निश्चिन्त रहें, ऐसे आयोग के गठन पर साम्प्रदायिक या हिन्दुत्ववादी होने का आरोप लगाने का कोई खतरा नहीं है। आहत भावनाओं को लेकर बवाल मचाने पर हिन्दुत्ववादियों का एकाधिकार थोड़े ही है। उल्टे, 'सेटेनिक वर्सेज' विवाद के जमाने में तो सलमान रश्दी हिन्दुत्ववादियों के हीरो ही हुआ करते थे। यह भी याद करें कि भंडारकर इंस्टीट्यूट पर 'सांस्कृतिक कार्रवाई' करनेवाले मराठा महासंघ और संभाजी ब्रिगेड की 'प्रगतिशील' सामाजिक भूमिका की याद दिलानेवालों में घोर हिन्दुत्व विरोधी, परम प्रगतिशील बुद्धिजीवी भी तो हैं। उनका कहना है कि भंडारकर इंस्टीट्यूट में तोड़फोड़ तो खैर अतिरेक हो गया—लेकिन पुणे के ब्राह्मण बुद्धिजीवियों को भी तो अपनी औकात में रहना चाहिए। फिर, ऐसे आयोग में स्वाभाविक रूप से सभी सामाजिक, राजनीतिक, सांस्कृतिक अस्मिताओं के प्रतिनिधि तो होंगे ही। चलिए, लोकतन्त्र का भी तकाजा पूरा हुआ और भिन्नता, बहुलता का भी।

कानून बना दिया जाए कि कोई भी पुस्तक तभी प्रकाशित हो सकती है जबकि उसे आहत भावनाओं और आक्रान्त अस्मिताओं का राष्ट्रीय आयोग पास कर दे। सभी प्रतिनिधि एक-दूसरे की भावनाओं का तो खयाल रख ही लेंगे—और इस प्रकार उन नामुराद पुस्तकों और विचारों से समाज को मुक्ति मिल जाएगी जिनके कारण इतने सारे कोमलचित्त लोगों को दुखी होना पड़ता है।

ऐसा आयोग एक और लिहाज से भी महत्त्वपूर्ण होगा। इस वक्त दुनिया-भर में बहुत से लोग सार्वभौम मूल्यों, लोकतान्त्रिक संस्थाओं जैसे 'आउटडेटेड' विचारों के विरुद्ध संघर्ष कर रहे हैं। असल में, ऐसे 'उत्तर आधुनिक' दौर में तो ये बेकार की चीजें बस

यों ही घिसट रही हैं। अभिव्यक्ति की स्वतन्त्रता, विचार का अधिकार, हर मनुष्य के कुछ अनिवार्य अधिकार—ये सब तो यूरोपीय प्रबोधन के पैदा किए हुए वहम भर हैं। हर समाज की अपनी नैतिकता है; और वह अपना प्रतिमान आप है।

अपना देश सदियों से जगद्गुरु चला आ रहा है। अपना आयोग एक बार फिर इस पदवी की सार्थकता प्रमाणित करेगा। भिन्नता, बहुलता, अस्मिता जैसे मसलों के सामाजिक रूपों को कैसे साधा जाए—इस प्रश्न का उत्तर संसार-भर को सुझाने का गौरव एक बार फिर जगदगुरु को ही मिलेगा। बुद्धिजीवियों, किताबों, विचारों की खुराफातों का ऐसा बहुलता-संवेदी समाधान, उलझनों को सुलझाने का ऐसा गुर सिवा जगदगुरु के भला और कौन दे सकता है ? जो दुष्ट नहीं मानते, उन्हें भी अन्ततः आर्यावर्त्त को जगद्गुरु मानना ही पड़ जाएगा।

इसी के साथ उन बौद्धिकों, लेखकों, कलाकारों वगैरह का उचित उपचार भी हो जाएगा जो न जाने कैसी-कैसी हवाई बातें करते रहते हैं। ऐसी-ऐसी बातों के असर में जो अपनी परम्परा और पहचान से कट जाते हैं। अपने लोगों की भावनाओं को, अपने 'सामाजिक आत्म' को सीधे, सपाट ढंग से व्यक्त करने की बजाय इस खामखयाली में रहते हैं कि सामाजिक हो या वैयक्तिक—आत्म की सीमाएँ बनती-बिगड़ती रहती हैं। जो आत्म के साथ-साथ अन्य की भी बात करने की हिमाकत करते हैं। और तो और जो आत्म तक स्वयं को सीमित रखने की बजाय अन्य के फटे में टाँग भी अड़ाते हैं। अब इन जेम्स लेन को ही ले लीजिए—भई आप अमेरिकी हैं—अमेरिका के बारे में लिखिए—आपको क्या लेना-देना भारत राष्ट्र के महाराष्ट्र से ! सीधी सी बात है ! न जेम्स लेन भावनाओं को ठेस पहुँचाते, न भंडारकर इंस्टीट्यूट के 'सांस्कृतिक आतंकवादी' (यह विश्लेषण संभाजी ब्रिगेड के स्वनामधन्य प्रवक्ता का दिया हुआ है) भावनाओं को ठेस पहुँचाने के कुकृत्य में सहयोग करते, न 'सामाजिक रूप से प्रगतिशील' मराठा महासंघ के वीर 'सीधी कार्रवाई' करने को विवश होते।

सीधी सी बात है और सीधे से ढंग से, सभी समझदारों को समझ भी आ गई है। तभी तो एक तरफ प्रधानमन्त्री बौद्धिकों को चेतावनी दे रहे हैं, दूसरी ओर श्री शरद पवार, महाराष्ट्र के गृहमन्त्री पाटिल साहब इस सीधी सी बात को उसकी सीधी सी परिणति तक पहुँचाने के लिए भी कटिबद्ध हैं। बाईस मार्च को उन्होने पत्रकारों को बताया कि पुणे के पुलिस कमिश्नर को आदेश दे दिए गए हैं कि भंडारकर इंस्टीट्यूट से जुड़े लोगों के खिलाफ उचित कार्रवाही करें। और उन लोगों का क्या जिन्होंने वहाँ तोड़-फोड़ की—वे तो नायक हैं। 'सांस्कृतिक आतंकवादियों' को ठीक कर देनेवाले नायक !

जाहिर है कि लोकतन्त्र का मतलब है—लोगों की इच्छा पर चलनेवाला तन्त्र। ये हजारों संस्थाएँ, मर्यादा, कानून, शक्ति-विभाजन, बौद्धिकों का सम्मान—क्या होता है यह सब ! असली लोकतन्त्र तो वही है, जिसे कुछ खलबुद्धि लोग भीड़तन्त्र कहकर

अपमानित करते हैं। सच तो यह है कि लोकतन्त्र वहीं तक अच्छा जहाँ तक दुनिया में दिखावे के काम आए, अपनी सत्तापरक राजनीति को छिपाने के काम आए। ऊपर से, यह चुनाव का मौसम। आखिर, भावना का बवाल है, भैया ! इसी बवाल के बूते तो सारा खेल चल रहा है—यह खेल चलता ही रहे—इस पुण्य कार्य में प्रस्तावित 'आहत भावना-आक्रान्त अस्मिता आयोग,' का योगदान दूरगामी होगा। कृपया विचार करें !

29 मार्च, 2004

संकट विश्वसनीयता का

अंग्रेजी में एक कहावत है, बदमाशों को जब कुछ और नहीं सूझता तो राजनीति करने लगते हैं। अनुमान किया जा सकता है कि यह कहावत उस समय गढ़ी गई होगी जब इंग्लैंड अपने इतिहास में राजतन्त्र के विध्वंस और उसकी पुनर्स्थापना के दौर से गुजर रहा था। शायद उस समय के भद्रलोक को वे सब लोग 'बदमाश' नजर आए हों जो स्वयं भगवान द्वारा बनाए गए, धर्मसत्ता द्वारा समर्थित राजतन्त्र को उखाड़ फेंकने की कोशिश कर रहे थे। यह अनुमान ही है, इसकी प्रामाणिकता का कोई दावा अपन नहीं कर रहे।

कहावत का मूल भले ही अनुमान का विषय हो, लेकिन उसकी विषय-वस्तु दिनोंदिन प्रामाणिक होती जा रही है—और कितनी खौफनाक ढंग से ! किसी हद तक दुनिया के सभी लोकतान्त्रिक समाज इस कहावत की खौफनाक सच्चाई और प्रामाणिकता से जूझ रहे हैं। स्वयं अपने देश में 'नेता' शब्द ने कहाँ-से-कहाँ तक की यात्रा पिछली आधी सदी में पूरी कर ली है। आजादी की लड़ाई के दौरान और उसके कुछ समय बाद तक जो 'नेता' शब्द सामाजिक बेहतरी की कोशिश करनेवाले व्यक्ति का बोध कराता था, वही आज किसी भी तरह अपना घर भरने को उतारू व्यक्ति की सूचना देता है। राजनीतिक प्रक्रिया सामाजिक बेहतरी का जरिया बनने की बजाय सामाजिक संकट के प्रमाण का रूप लेती जा रही है। ऐसे में स्वभाविक ही तो है कि हम सबको भारतीय राजनीति में विश्वसनीयता का संकट नजर आए।

यही संकट इस मंगलवार (छह अप्रैल) की दोपहर चर्चा का विषय था। अवसर था कामरेड महादेव नारायण टंडन की पहली पुण्यतिथि। स्थान आगरा। कामरेड टंडन, राजेन्द्र रघुवंशी और शिवदान सिंह चौहान जैसी हस्तियों के समकालीन थे। समकालीन और सम-स्वप्न। समतामूलक समाज का सपना ऐसे कितने कामरेडों की आँखों में एक साथ तैरता था उन दिनों। 'एक कम्युनिस्ट की कहानी उसकी जुबानी' शीर्षक लेख में कामरेड टंडन बताते हैं कि वे इलाहाबाद में ही शिवदान सिंह चौहान द्वारा गठित 'युवक सुधारक दल' के सदस्य बन गए थे। 1937 में उन्होंने 'एकाएक घर छोड़ दिया और पार्टी के आदेशानुसार संगठनकर्ता के रूप में 'अनजान शहर आगरा' आ पहुँचे। और फिर यह 'अनजान शहर' और कामरेड टंडन जैसे एक-दूसरे के हो गए—जीवन-भर के लिए, जीवन के बाद के लिए भी।

उस दिन यही दिख रहा था। साथ-साथ। जिस सभा का आयोजन जितेन्द्र रघुवंशी

और कामरेड टंडन के दूसरे प्रशंसकों ने किया था, वह आगरा के नागरिकों द्वारा अपने टंडन साहब को श्रद्धांजलि देने भर की सभा नहीं थी। वह टंडन साहब के सरोकारों की रोशनी में इस प्रश्न पर विचार करने की सभा भी थी कि आखिरकार भारतीय राजनीति में विश्वसनीयता के संकट की सूरत क्या है और कैसे किया जाए इस संकट का सामना !

इस संकट के होने का एक प्रमाण तो इस सभा में भी मौजूद था। देश के नागरिकों में से चौवन फीसदी की उम्र इस वक्त पच्चीस बरस से कम है। इस सभा में इन चौवन फीसदी नागरिकों के प्रतिनिधियों की मौजूदगी दस फीसदी भी नहीं थी। तो, क्या नौजवान भारत को अब भारत के भविष्य की, उसे बनाने-बिगाड़नेवाली राजनीति की कोई परवाह नहीं रही ?

नौजवानों की 'लापरवाही', उनकी 'आत्मकेन्द्रितता' को कोसना अधेड़ों और बूढ़ों का सर्वकालिक शगल रहा है। हर दौर के अधेड़ और बूढ़े अपने नौजवानों से असन्तुष्ट रहते आए हैं। ज्यादातर इस वजह से कि नौजवानों का खून जल्दी उबाल खाता है; वे मर्यादाओं की, रीति-रिवाज की परवाह नहीं करते। लेकिन कुछ इस वजह से भी कि नौजवानों में नौजवानी का माद्दा उतना क्यों नहीं जितना होना चाहिए। पहले प्रकार की चिन्ता यथास्थितिवादियों को होती है, दूसरे प्रकार की परिवर्तनकर्मियों को। जाहिर है कि इस सभा में नौजवानों की न होने सरीखी उपस्थिति दूसरे प्रकार के लोगों के लिए ही चिन्ता का विषय थी। पहले प्रकार के लोग तो ऐसी अनुपस्थिति से झलकती 'समझदारी' और 'व्यावहारिकता' पर काफी सन्तुष्ट और प्रसन्न ही होते हैं।

उन्हें होना ही चाहिए। आखिरकार ऐसे ही लोग तो राजनीति की अविश्वसनीयता को ऐसे मुहावरे में पेश करते हैं, मानो राजनीति सिर्फ एक और 'कैरियर' हो, मानो राजनीति का समाज की प्रत्यक्ष-परोक्ष प्रक्रियाओं से कोई लेना-देना ही न हो। मानो राजनीति सिर्फ राजनीतिक नेताओं का सरोकार हो और नगारिकों का काम पाँच बरस में एक बार वोट डालने से पूरा हो जाता हो।

जरूरत इस बात को ध्यान में रखने की है कि राजनीति मात्र को अविश्वसनीय बतानेवाले सभी लोग राजनीति के भोले-भाले शिकार-भर नहीं होते। बहुत से ऐसे लोग—जो लोकतान्त्रिक राजनीति से अपने वर्चस्व को खतरा महसूस करते हैं—संगठित रूप से इस बात का प्रचार भी करते हैं कि सभी नेता, सभी राजनीतिक कार्यकर्ता समान रूप से अविश्वसनीय और भ्रष्ट होते हैं। ऐसे लोग प्रयत्नपूर्वक कुछ तथ्यों को सामाजिक स्मृति से मिटा डालना चाहते हैं। यह भुला देना चाहते हैं कि संसदीय राजनीति से गुजरनेवालों में भी सैकड़ों-हजारों ऐसे हैं जो आखिर तक पाक-दामन रहे। यह स़ही है कि बहुत से मन्त्रीगण सरकारी खर्च पर गोवा में फाइव स्टार होटलों में छुट्टी बिताने को अपना अधिकार बताते हैं। लेकिन यह भी सही है कि दिवंगत इन्द्रजीत गुप्त जैसे लोग बतौर गृहमन्त्री भी अपने ढाई कमरे के फ्लैट में ही रहते थे। बात असल में यह है कि कुछ लोगों के लिए भ्रष्टाचार सिर्फ चुनावी गोलबन्दी का बहाना भर होता है, लेकिन कुछ लोगों के लिए वह नैतिक और राजनीतिक जिम्मेदारी का सवाल भी होता है। ऐसे

लोगों और उनके संघर्ष को समृतिपटल से गायब करके ही कहा जा सकता है कि 'अजी नेता तो सब एक-से होते हैं।'

सोचना चाहिए कि लोकतन्त्र विरोधी कॉमनसेंस को संगठित रूप से स्थापित करने से किस तरह की राजनीति को लाभ होता है? इस प्रश्न का उत्तर एक तो उन लोगों के राजनीतिक रुझानों पर ध्यान देने से ही मिल जाता है जो ऐसा कॉमनसेंस समाज में स्थापित करने का संगठित प्रयत्न कर रहे हैं। इस प्रयत्न के साथ यदि सचमुच राजनीति की अविश्वसनीयता को भी दूर करने का प्रयत्न किया जाए तो माना भी जा सकता है कि चिन्ता में दम है। लेकिन राजनीति की अविश्वसनीयता का समाधान यदि किसी 'महान' व्यक्तित्व के जादू में खोजा जाए तो लोकतन्त्र के लिए चिन्ता की स्थिति बनती है। नहीं, ऐसा नहीं कि लोकतन्त्र में महान नेताओं का अवतरण होना ही नहीं चाहिए। मामला 'महान' और महान के फर्क का है। कुछ नेता संकट की घड़ी में समाज को सही नेतृत्व देकर महान बनते हैं। कुछ को मैंनेजमेंट की कला में दक्ष महाजन लोग 'ब्रांड' की तरह महान बना देते हैं। इस तरह की ब्रांडपरक महानता लोकतन्त्र के लिए सचमुच घातक है। वजह है नेता और ब्रांड का बुनियादी फर्क।

नेता का अर्थ ही है आगे चलनेवाला, रास्ता दिखानेवाला। लोकतान्त्रिक नेता का अपने समाज के साथ द्वन्द्वात्मक सम्बन्ध होता है। वह समाज की भावनाओं को विवेक की वाणी देता है। इसीलिए कई बार उसे अपने समाज को समझाना-बुझाना और डाँटना तक पड़ जाता है। लोगों की भावनाओं के विरुद्ध तनकर खड़े भी हो जाना पड़ता है। लोग ऐसी डाँट-फटकार, नेता का अड़ियलपन जाहिर है कि तभी स्वीकार करते हैं जबकि अपने लगातार अनुभवों से उन्हें विश्वास हो गया हो—नेता की पारदर्शिता पर, उससे भी ज्यादा जरूरी—नेता के विवेक पर। विवेक को वाणी देनेवाले सच्चे नेता न केवल अपने अनुयायियों बल्कि अपने आपको भी चेतावनी देते रहते हैं कि लोकप्रियता उनका दिमाग खराब न कर दे—वे तानाशाह न बन जाएँ।

ब्रांड का मामला अलग है। जब व्यक्ति को ब्रांड बनाया जाता है तो ब्रांड बननेवालों और ब्रांड बनानेवालों के बीच एक रहस्य जैसा समझौता काम करता है। सारी आरोपित 'महानता' और अपरिहार्यता के बावजूद ब्रांड को अपनी हकीकत का अहसास बनाए रखना पड़ता है। ब्रांड के तौर पर 'प्रोडक्ट' की 'सेलेबिलिटी' बढ़ाने के लिए ब्रांड अपनी स्वतन्त्रता, अपनी ऊँचाई का परिचय देता रहता है। कभी 'राजधर्म' की याद दिलाकर तो कभी पुस्तकों पर प्रतिबन्ध का विरोध करके। लेकिन ऐसी मनोहर बातों पर अटल रह पाना ब्रांड के भाग्य में कहाँ ? प्रोडक्ट के मैनेजरों के निर्देश पर ही तो चलना है आखिरकार। बाकी तो बातें हैं। बातों का क्या !

और जब किसी महादेश का भविष्य इस तरह बनाए गए ब्रांड के साथ कुछ ऐसे

नत्थी करने की कोशिश की जाए जैसे कि सारा लोकतन्त्र इस ब्रांड को खरीद लेने पर ही निर्भर करता है तो मानना चाहिए कि ब्रांड मैनेजरों का इरादा लोकतन्त्र को पुष्ट करने की बजाय उसे विनष्ट करने का है। सारी-की-सारी राजनीति को सपाट रूप से अविश्वसनीय बताना और मानना, फिर किसी ब्रांड को डूबती नैया के इकलौते खेवनहार के रूप में पेश करना—ये दोनों बातें गहरे में गुँथी हुई हैं। यह और बात है कि सारी राजनीति को सिरे से खारिज करनेवालों में बहुत से ऐसे भी हैं जो इस गुँथाव को समझ नहीं पाते। ऐसे लोग अपने भोलेपन में उन मैनेजरों की रणनीति के शिकार भी बन जाते हैं जो इस गुँथाव को न केवल समझते हैं, बल्कि जो इसकी रचना भी करते हैं।

ऐसे ही मैनेजर कामरेड टंडन सरीखे लोगों के अस्तित्व तक से भी इनकार कर देना चाहते हैं। उस सभा में, वह भावुक कर देनेवाला समां था जब टंडन साहब के पुत्र डॉ. जे.एन. टंडन अपने पिता को सलाम करते हुए उनकी छह उपलब्धियाँ गिना रहे थे। वे उपलब्धियाँ स्वयं कामरेड टंडन ने मृत्यु के कुछ ही दिन पहले किसी कागज पर नोट की थीं। इनमें से एक उपलब्धि थी : गांधी, लेनिन, नेहरू और भगतसिंह के बताए रास्ते पर चलने की कोशिश की। गांधी, नेहरू के साथ लेनिन, भगतसिंह की उपस्थिति कुछ लोगों को चौंकाएगी जरूर, लेकिन डॉ. जे.एन. टंडन ने उस कागज से जो आखिरी उपलब्धि पढ़ी, वह टंडन साहब की स्पष्टता और आत्मविश्वास की घोषणा थी : "अपने किए पर अफसोस नहीं है।"

कितनों को नसीब होती है ऐसी बे-अफसोस जिन्दगी !

11 अप्रैल, 2004

'धर्म की अधार्मिक समीक्षा' और धर्मेतर अध्यात्म

दर्शनशास्त्र की मार्क्सवादी अध्येता सुश्री सुधाजी ने 'मुखामुखम' में प्रकट किए गए विचारों पर ग़ौरतलब सवाल उठाए हैं। अपनी प्रकाशित टिप्पणी 'भौतिकवाद बनाम भाववाद' (जनसत्ता 15 फरवरी) में भी, मुझे लिखे निजी पत्रों में भी। इन ग़ौरतलब सवालों पर विचार किया जाना चाहिए। यह विचार शास्त्रार्थ में विजय प्राप्त करने की भावना से नहीं, परस्पर समृद्धिकारी सहचिन्तन की भावना से हो सके—ऐसा प्रयत्न भी किया जाना चाहिए। इस विचार की दिशा में बढ़ने के पहले दो एक बातों पर ध्यान देना उचित होगा, ताकि सुधाजी की यह शिकायत किसी हद तक दूर हो सके कि मैंने ''मार्क्सवादी दर्शन को विकृत रूप में प्रस्तुत करने की चेष्टा'' या 'बौद्धिक बेईमानी' की है।

बात शुरू हुई थी '1844 की आर्थिक और दार्शनिक पांडुलिपियों' से। विस्तृत उद्धरण देकर 'मुखामुखम' में इस बात को रेखांकित किया गया था कि उपरोक्त पांडुलिपियों में कार्लमार्क्स मनुष्य की प्रजाति सत्ता की मूलभूत विशेषता उसके 'गैर-आवयविक, आध्यात्मिक स्वभाव' में देखते हैं। यह भी नोट किया गया था कि मार्क्स धर्म को मनुष्य की आध्यात्मिक प्रकृति के विकृतिकरण, उसकी प्रजाति सत्ता से विच्छन्नता—और इसलिए मनुष्य के 'आत्मक्षय' के रूप में देखते हैं। मार्क्स के अनुसार मनुष्य की सहज शारीरिक और मानसिक गतिविधि से उसकी विच्छन्नता ही दार्शनिक धरातल पर मूलभूत चुनौती है। इस विच्छिन्नता के ही फलस्वरूप, मार्क्स के अपने शब्दों में, ''उसकी प्रकृति और मुनष्य होने के नाते उसकी प्रजाति की विशिष्ट सम्पदा—आध्यात्मिकता—ये दोनों ही उससे छिन जाती है। दोनों ही (उसका स्वभाव न रह कर) उसके वैयक्तिक अस्तित्व का साधन मात्र रह जाती हैं। मनुष्य की देह परायी हो जाती है और ठीक इसी तरह परायी हो जाती है, उसकी बाहरी प्रकृति- और उसकी अध्यात्म सत्ता। उसकी मनुष्य सत्ता।'' (पृ. 76)

रोचक बात यह है कि स्वयं कार्ल मार्क्स के उपरोक्त कथन से सुधाजी कहीं नहीं टकरातीं। बौद्धिक ईमानदारी की माँग तो यह है कि या तो आप इस उद्धरण की प्रामाणिकता पर सन्देह करें, या फिर स्वीकार करें कि कम-से-कम 1844 में 'आध्यात्मिकता'—मार्क्स के लिए तो अछूत शब्द नहीं था। या फिर आप कहें कि तब मार्क्स नासमझ थे, अपरिपक्व थे—समझ आने पर उन्होंने आध्यात्मिकता और

विच्छिन्नता जैसी हवाई (!) बातों की चिन्ता करना छोड़ दिया। बहुत से मार्क्सवादी घुमा-फिराकर ऐसा कहते भी आए हैं—मैं नहीं जानता कि सुधाजी का मत इस बारे में क्या है।

इतना स्पष्ट है कि विच्छिन्नता और वस्तुकरण की चिन्ताएँ, विभिन्न रूपों में, विभिन्न सन्दर्भों में मार्क्स के लिए अन्त तक केन्द्रीय बनी रहीं। उनकी चिन्ताएँ, उनके सरोकार इसी अर्थ में 'मूलगामी' थे कि वे तात्कालिक समस्याओं पर विचार करते समय भी मानवीय अस्तित्व की मूलभूत समस्याओं और सरोकारों पर प्रत्यक्ष-परोक्ष दृष्टि जमाए रखते थे। स्वाभाविक ही था कि कुछ समस्याओं पर मार्क्स ने जितनी गहराई से विचार किया, कुछ और समस्याओं पर उतनी ही गहराई से विचार करने का अवसर उन्हें नहीं मिला, या शायद उनका रूझान ही उनकी ओर नहीं हुआ।

सवाल यह है कि ऐसे छूट गए सरोकारों की हम भी क्या उपेक्षा ही करते रहें- या इस तरह के अनुमान लगाते रहें कि यह समस्या स्वयं मार्क्स के सामने होती तो वे क्या करते। इन दोनों से बेहतर तरीका शायद यह हो कि मार्क्स के बाद उपलब्ध हुए मानवीय अनुभवों और ज्ञान की रोशनी में हम कुछ प्रश्नों को नए ढंग से पूछें और जहाँ ज़रूरी हो, नए-सवाल भी उठाएँ। किसी प्रश्न के महत्त्वपूर्ण होने का पैमाना यह नहीं कि 'मार्क्सवादी विचार परम्परा' ने उसकी उपेक्षा की या नहीं की। उल्टे कई प्रश्न ऐसे होते हैं, जिनकी उपेक्षा करनेवाली विचार परम्परा के एक जड़ मतवाद (डॉग्मा) में बदल जाने का ख़तरा होता है- वह विचार परम्परा मार्क्सवाद की हो या किसी और वाद की।

स्वयं मार्क्सवाद के इतिहास में ऐसे प्रश्नों के उदाहरण मौजूद हैं। जेंडर, पर्यावरण, सांस्कृतिक विशिष्टता, देशप्रेम—ऐसे कई सवाल हैं, जिन पर विचार करने के प्रयत्न बहुत से लोगों को बहुत समय तक मार्क्सवादी दर्शन की "मूल भावना एवं दिशा दृष्टि को ही खत्म" कर डालने की 'कुचेष्टा' जैसे लगते रहे। ग़नीमत है कि ऐसे 'पवित्र' मार्क्सवादी अब उतने प्रचंड नहीं रहे। मार्क्सवाद से विचार और कर्म की गम्भीर प्रेरणा लेनेवालों ने नारी की दृष्टि से इतिहास और समाज को परखा है, "मनुष्य प्रकृति का स्वामी है" जैसी मान्यताओं में निहित सर्वाधिकारवाद को त्याग कर पर्यावरण के प्रति संवेदनशीलता का मार्क्स प्रेरित विमर्श विकसित किया है। सवाल यह नहीं कि स्वयं मार्क्स ने पर्यावरण या पितृसत्ता की समस्याओं पर, पर्यावरण और मनुष्य के अन्तःसम्बन्ध पर बहुत तफसील से विचार किया या नहीं। सवाल यह है कि जिन नैतिक सरोकारों को मार्क्सवाद अपनी वैचारिक काया में धारण करता है उनकी दृष्टि से पर्यावरण के सवाल पर या नारी की स्थिति के सवाल पर, या संस्कृति के सवाल पर विचार करना आवश्यक है या नहीं ?

सवाल यह भी है कि ऐसे विचार-प्रयत्नों ने मार्क्सवाद और व्यापक मुक्ति का भी विमर्श अधिक प्रमाणिक, अधिक सम्पन्न बनाया नहीं ? ऐसे विचार प्रयत्नों ने वर्ग-परिप्रेक्ष्य अधिक विश्वसनीय, अधिक संवेदनशील बनाया नहीं ? उम्मीद है कि सुधाजी इन प्रश्नों का उत्तर 'हाँ' में देंगी। उम्मीद यह भी है कि इन प्रश्नों पर भी साथ-साथ विचार करें तो उन्हें मुखामुखम की धर्मेतर अध्यात्म सम्बन्धी विवेचना

''बौद्धिक बेईमानी'' के दोष से ग्रस्त प्रतीत नहीं होगी।

हर सवाल का एक सामाजिक समय होता है। यों तो अधिकांश मूलभूत प्रश्न शाश्वत हैं; लेकिन उनके उत्तर अपने समय से प्रभावित बल्कि निर्धारित होते हैं। पितृसत्ता का जन्म बीसवीं सदी में नहीं हुआ था; लेकिन उसकी मूलगामी और संगठित समीक्षा बीसवीं सदी में ही सम्भव हो सकी। आधुनिक औद्योगीकरण ने प्रकृति पर मनुष्य के जिस 'स्वामित्व' को सामाजिक 'कॉमनसेंस' में बदल दिया- वह 'स्वामित्व-भाव' स्वयं मनुष्य के लिए आत्मघाती है—यह बोध पारम्परिक संस्कृतियों में बहुत पहले से मौजूद था। लेकिन इस बोध ने पर्यावरण विमर्श-बल्कि पर्यावरणवाद का रूप तभी लिया जब 'स्वामित्व-भाव' से पैदा होनेवाले खतरे का पानी नाक तक आने लगा।

स्वयं मार्क्स के लेखन में इन प्रश्नों पर विस्तृत विचार नहीं किया गया है—यह मानने से मार्क्स या मार्क्सवादी प्रकृति की हेठी नहीं होती। उस मार्क्सवादी विचार परम्परा की समस्याएँ अपनी जगह हैं जो मार्क्सवाद को एक तरह के आस्थातन्त्र में बदली हुई न केवल ऐसे प्रश्नों की लम्बे अरसे तक उपेक्षा करती रही। बल्कि कल्पनाक्षितिज का विस्तार करने के हर न्यौते को तरह-तरह के कुविशेषणों से नवाजती रही।

मार्क्स का मूल सरोकार है- मनुष्य पर आरोपित विच्छिन्नता की समाप्ति। उसकी मूल प्रजाति सत्ता की पुनः उपलब्धि। उसके सहज मनुष्य स्वभाव की वापसी। उनकी वैचारिक प्रक्रिया के केन्द्र में है—द्वन्द्वात्मक पद्धति। अपने विशिष्ट ऐतिहासिक सन्दर्भ में, इस पद्धति के आधार पर मार्क्स ने विच्छिन्नता से मुक्ति का पूरा विमर्श विकसित करने का प्रयत्न किया। सैद्धान्तिक विवेचन और व्यावहारिक शोध, अनुशीलन से सम्पन्न विमर्श। इस विमर्श की उपलब्धियाँ तो महत्त्वपूर्ण हैं ही लेकिन वे प्रश्न भी महत्त्वपूर्ण हैं जो किसी कारणवश छोड़ दिए गए। उपलब्धियों का महत्त्व स्वीकार करते हुए भी, उनसे प्रेरणा लेते हुए भी ऐसे प्रश्नों पर विचार-पुनर्विचार का सिलसिला रुकना नहीं चाहिए। यह सिलसिला सार्थक रूप से तभी चल सकता है जबकि हम स्वयं मार्क्स के चिन्तन में दीखती चुप्पियों, अनुपस्थितियों को भी पहचानें; और बोलती सम्भावनाओं को भी। अनुभव, ज्ञान और बोध से प्राप्त तथ्यों, परिघटनाओं या संज्ञान लेने से इनक़ार करते हुए ''क्रान्तिकारी सिद्धान्त को क्रान्तिकारी व्यवहार से'' नहीं जोड़ा जा सकता और ऐसी स्थिति में इस सम्भावना से इनक़ार भी नहीं किया जा सकता कि मार्क्सवाद मुक्तिकामी सिद्धान्त और व्यव्हार के स्थान पर वैचारिक कट्टरता में—एक और धर्मसत्ता में बदल जाए।

मार्क्स का आग्रह था 'धर्म की अधार्मिक आलोचना' करने का, क्योंकि धर्म ने मनुष्य को नहीं, मनुष्य ने धर्म को रचा है। सवाल वही है : किस ज़रूरत से रचा है। यदि धर्म की रचना केवल भय के कारण प्रकृति सम्बन्धी भ्रान्त विचारों के कारण या सामाजिक संगठन की आवश्यकता पूरी करने के लिए हुई है तो इन सभी के वैकल्पिक माध्यम उपलब्ध हो जाने के बावजूद धर्म की जकड़ और उसकी ताक़त बजाय कम होने के बढ़ती कैसे चली गई ?

दुनिया भर की चीजों पर लागू होनेवाली द्वन्द्वात्मक पद्धति धर्म पर भी लागू की जाए—इस पर तो किसी को एतराज़ नहीं होगा। भाववाद बनाम भौतिकवाद के प्रश्न पर हम बाद में आएँगे। अभी प्रयत्न द्वन्द्वात्मक पद्धति से धर्म की अधार्मिक आलोचना करने का। मनुष्य की वह कौन-सी ज़रूरत है जो उसे धर्म की रचना करके अपने आप को उसके हवाले कर देने के लिए प्रेरित करती है ? इस ज़रूरत का संकेत, बल्कि सविस्तार प्रस्तुतीकरण ही मार्क्स ने 1844 की पांडुलिपियों में किया था।

'अध्यात्म' उसी ज़रूरत की ओर संकेत करनेवाला शब्द है। भूख, प्यास, सेक्स जैसी मूलवृत्तियों के धरातल पर अन्य प्राणियों के साझेदार मनुष्य की विशिष्टता का संकेत करनेवाला शब्द। इस तथ्य का संकेत करनेवाला शब्द कि मनुष्य यहाँ और अभी से परे भी जाना चाहता है कल्पना और भावबोध के धरातल पर जाता भी है। लोकोत्तरता-ट्रांसेडेंस की यह कामना मनुष्य पर किसी सामाजिक व्यवस्था द्वारा आरोपित विचारधारात्मक छद्मचेतना मात्र नहीं है। यह उसका स्वभाव है। इस भाव को विचारधारात्मक छद्मचेतना का रूप देता है—संगठित धर्म।

'अध्यात्म' मनुष्य की अस्तित्वगत सच्चाई; उससे जुड़े उल्लास और वेदना के सरोकारों का संकेत करनेवाला शब्द है। क्या ज़रूरी है कि इसका विस्तार, इसकी परिकल्पना ईश्वरवाद और परलोकवाद के सन्दर्भ में ही की जाए ? अध्यात्म की भावदशा को भाववादी-जीवन दृष्टि के बाहर क्यों नहीं स्थापित किया जा सकता ? यह प्रचलित समझ तो है, कि "अध्यात्म जहाँ चेतना अर्थात् किसी पराभौतिक सत्ता की स्वीकृति है, वहीं इसके आधार पर जो विश्वदृष्टि निर्मित होती है, वह भाववादी है"—लेकिन ज़रूरी नहीं कि यही एकमात्र समझ हो— इसी तरह की समझ के प्रसंग में जॉन ब्रेंटलिंगर 'भौतिकवादी आध्यात्म' की सम्भावना रेखांकित करते हैं। सच तो यह है कि अस्तित्वगत वेदना और उल्लास को, उससे जुड़ी विच्छिन्नता को पूरी तरह परलोकवादी विचारधारा के हवाले करके ही कहा जाता है, "भाववाद अध्यात्म का सैद्धान्तिक एवं अध्यात्म भाववाद का व्यावहारिक रूप है।"

'अध्यात्म' शब्द के सरलीकृत उपयोग-दुरुपयोग की समीक्षा अपने आप में ज़रूरी है। यह याद रखनाा ज़रूरी है कि अध्यात्म की भावदशा का विकास अलग-अलग तरह के भौतिक-सामाजिक मूल्यों और विश्व-दृष्टियों के सन्दर्भ में किया जा सकता है। अध्यात्म अपने आप में नैतिकदशा और विचारदशा का विकल्प नहीं है। इसलिए अध्यात्म की हर परिकल्पना की नैतिक समीक्षा आवश्यक है। अध्यात्म पर एकाधिकार का दावा करनेवाले धर्म की ऐसी समीक्षा और भी अधिक आवश्यक है। 'धर्म की अधार्मिक समीक्षा' की एक सम्भावना धर्मेतर अध्यात्म से भी खुलती है।

25 अप्रैल, 2004

'एक तत्त्व की प्रधानता, कहो उसे जड़ या चेतन'

सुधाजी द्वारा उठाए गए सवालों पर बात आगे बढ़ाने के पहले यह एक स्पष्टीकरण। मार्क्सवादी विचार-परम्परा को अध्यात्म-परक सिद्ध करने की अपनी कोई इच्छा नहीं। उल्टे अपनी तो शिकायत और चिन्ता ही यह है कि 1844 की पांडुलिपियों में निहित अत्यन्त सम्भावनापूर्ण संकेतों का उपयुक्त बौद्धिक विस्तार नहीं किया गया। कारण क्या रहे, इस पर हम यथासमय आएँगे ही, फिलहाल सुधाजी के सवालों की ओर चलें।

मुझे लिखे पत्र में वे लिखती हैं, ''किसी भी वस्तु, घटना, विचार, प्रत्यय, सिद्धान्त का वास्तविक स्वरूप एवं चरित्र क्या है इस का निर्धारक बिन्दु उसका बौद्धिक विमर्श नहीं अपितु सामाजिक व्यवहार होता है।'' बात सही है, लेकिन एक हद तक ही। इसे तनिक सावधानी के साथ कहना और मानना चाहिए। सामाजिक व्यवहार का एक-एक अंश, उसकी सारी डिटेल्स किसी सिद्धान्त या विचार के 'बौद्धिक विमर्श' का अनिवार्य परिणाम ही हैं—ऐसा मानने में गम्भीर समस्याएँ हैं। यदि मान लिया जाए कि चूँकि 'धर्मसत्ता अध्यात्म का व्यावहारिक पक्ष और उसकी सामाजिक अभिव्यक्ति है'' इसलिए धर्मसत्ता की सारी करतूतें अध्यात्म चिन्ता की अनिवार्य परिणति है—तो दो सवाल उठते हैं। एक तो यह कि 'बौद्धिक विमर्श' या 'सरोकार को सामाजिक व्यवहार का रूप देनेवालों के अपने रूझानों, स्वार्थों, विवेक-अविवेक की कोई भूमिका है या नहीं ? दूसरा सवाल तो मार्क्सवादियों का चिर-परिचित और चिर-प्रिय सवाल है : बौद्धिक विमर्श के सामाजिक व्यवहार में परिणत होने के सामाजिक-ऐतिहासिक सन्दर्भ का सवाल।

इसी पत्र में सुधाजी ने बहुत ही दो टूक बल्कि निष्ठुर निर्णय दिया है, ''सवाल यह नहीं है कि कौन कितना धार्मिक है और कितना उसका धर्म मानवीय जीवन स्थितियों को जगह देता है। सवाल विचारधारा का है। धर्म में आडम्बरों के आलोचक कबीर एवं समन्वयवादी गांधी में विचारधारात्मक रूप से समानता है इसलिए वहाँ से सावरकर व गोलवलकर के पैदा होने की सामाजिक स्थितियाँ सदैव विद्यमान रहती हैं, मार्क्स के नहीं।''

यह निर्णय तार्किक रूप से इसलिए गलत है क्योंकि इसमें मानवीय, नैतिक 'एजेंसी'—चुनाव की पूर्ण उपेक्षा की जा रही है। ऐतिहासिक रूप से यह निर्णय इसलिए चिन्ताजनक है क्योंकि धर्म के ख़िलाफ़, बल्कि अध्यात्म चिन्ता मात्र के ख़िलाफ़ 'पॉलिमिक्स' करने के उत्साह में कबीर-गांधी और सावरकर-गोलवलकर के 'सामाजिक

व्यवहार' के बीच के बुनियादी फ़र्क़ को यहाँ बिलकुल ही भुला दिया गया है। यह भी भुला दिया गया है 'बौद्धिक विमर्श' और 'सामाजिक व्यवहार' के बीच ऐसा सपाट कार्य-कारण सम्बन्ध मान लिया जाए तो पोल पोट और चाऊसेस्कू के कारनामों की सीधी जिम्मेदारी कार्ल मार्क्स के सर आन पड़ेगी। पोल पोट ने कंबोडिया में 'वर्गहीन समाज' स्थापित करने के लिए बीस फीसदी जनसंख्या का सफाया कर दिया था, और चाऊसेस्कू की जीवनशैली मध्यकालीन सुलतानों की ऐय्याशी से होड़ लेती थी। इन दोनों 'मार्क्सवादियों' के सामाजिक व्यवहार और आचरण को मार्क्सवाद के बौद्धिक विमर्श को स्वाभाविक सामाजिक परिणति मानना उतना ही सही या ग़लत है जितना कि धर्मसत्ता द्वारा किए गए अतिचारों को अध्यात्म चिन्ता की अनिवार्य परिणति मानना। इस प्रसंग में मार्क्सवादियों से अधिक विश्वसनीय स्वयं मार्क्स हैं जो धर्मसत्ता को मनुष्य की अध्यात्मसत्ता का विरूपीकरण मानते थे—उसकी स्वाभाविक परिणति नहीं। पोल पोट और चाऊसेस्कू भी मार्क्स के 'बौद्धिक विमर्श' का विरूपीकरण ही हैं—उनकी करतूतों के आधार पर मार्क्स के चिन्तन पर मूल्य निर्णय देना अनुचित होगा, और उसी तरह अनुचित होगा सारे धार्मिक विमर्श को केवल अन्धविश्वास और अत्याचार का विमर्श मान लेना। बौद्धिक विमर्श और सामाजिक व्यवहार के सम्बन्ध को; अवधारणात्मक अन्तर्दृष्टि और उसके आधार पर निर्मित विचार या वाद के सम्बन्ध को 'पॉलिमिकल' अन्दाज में निबटा देने से बेहतर है सूक्ष्म, गतिशील पद्धति से समझना। सामाजिक व्यवहार में प्रकट समस्याओं का सम्बन्ध निस्सन्देह बौद्धिक-विमर्श से होता है, लेकिन इस सम्बन्ध की समस्याएँ अधिक गम्भीर, अधिक अर्थस्तर संवेदी (न्यूआन्स्ड) बौद्धिक उपक्रम की माँग करती हैं। इस माँग की उपेक्षा करने पर अर्थ का बोध होने की बजाय अर्थ का अनर्थ होने की सम्भावना अधिक है।

यही माँग करती है : 'भौतिकवाद बनाम भाववाद' की समस्या। इस समस्या का बौद्धिक सन्दर्भ और उसकी पदावली का स्वरूप इक्कीसवीं सदी में वैसा ही नहीं रह गया है जैसा कि उन्नीसवीं सदी में था। पदार्थ के स्वभाव और चेतना से उसके सम्बन्ध की समस्या वस्तुतः भौतिकी के क्षेत्र की समस्या है। पारम्परिक भौतिकवाद से 'वैज्ञानिक' भौतिकवाद की भिन्नता का आधार यही था कि इसमें पदार्थ के स्वभाव के बारे में भौतिकी से प्राप्त निष्कर्षों को आधार बनाया गया, न कि केवल सैद्धान्तिक तर्क को। तब तक प्राप्त निष्कर्षों के आधार पर यही मान्यता स्वाभाविक और वैज्ञानिक लगती थी कि पदार्थ की सत्ता, पर्यवेक्षक के प्रत्यक्षीकरण से पूर्णतः स्वायत्त, 'वस्तुनिष्ठ' सत्ता है—और इस सत्ता का व्यवहार निर्धारित करनेवाले 'नियम' पर्यवेक्षक की स्थिति और संवेदना से सर्वथा निर्लिप्त अपनी राह चलते रहते हैं। ये नियम किसी समय-विशेष पर भले ही हमें ज्ञात न हों, लेकिन सैद्धान्तिक रूप से पदार्थ की गतिशीलता के नियमों का ज्ञान सम्भव है क्योंकि अन्ततः नियम हैं ज़रूर। उनका ज्ञान आज नहीं तो कल हो ही जाना है। 'क्लासिकल' भौतिकी की यही मूल सैद्धान्तिक मान्यता आंइस्टीन के इन प्रसिद्ध शब्दों में व्यक्त हुई : ''ईश्वर जगत के साथ पाँसे का खेल नहीं खेलता।'' याने पदार्थ की

गतिविधि पाँसे की तरह नहीं कि न जाने क्या रुख़ ले ले, वह तो नियमबद्ध है; 'वस्तुनिष्ठ' है। हर कार्य का सुनिश्चित कारण है, जिसे विज्ञान आज भले न जाने, लेकिन अन्ततः जान लेगा। नियमबद्ध कार्य-कारण सम्बन्ध और पर्यवेक्षक की संवेदनाओं से निर्लिप्त वस्तुनिष्ठता—'क्लासिकल' भौतिकी के अनुसार—ये दो चीजें पदार्थ के स्वभाव को समग्र रूप से परिभाषित करती हैं।

लेकिन यदि ईश्वर सचमुच पाँसे का खेल ही खेलता हो तो ? यदि पदार्थ के स्वभाव और भौतिक जगत की गतिविधि में सचमुच वैसी ही अनिश्चितता हो, जैसी कि पाँसे के खेल में होती है, तो ?

पदार्थ के सूक्ष्मतम कण के व्यवहार का अध्ययन करनेवाले भौतिकीविदों को उपरोक्त प्रश्नों के जो उत्तर प्राप्त हुए उन्होंने वैज्ञानिक चेतना के 'स्वयंसिद्धों' में मूलभूत परिवर्तन कर दिया। मैक्स प्लांक के प्रकाश सम्बन्धी अनुसन्धानों और नील्स बोर के पदार्थ के सूक्ष्मतम कण के व्यवहार सम्बन्धी अनुसन्धानों ने पदार्थ और जगत के बारे में वैज्ञानिकों की सोच में क्रान्तिकारी बदलाव ला दिया। आज हम जानते हैं कि पदार्थ का व्यवहार नियमबद्ध ही नहीं, नियमरहित भी है। अनिश्चितता पर्यवेक्षक की सीमा का परिणाम नहीं, पदार्थ का स्वभाव है। बहुत से 'कार्य' ऐसे होते हैं, जिनका कोई 'कारण' नहीं है। पदार्थ की, 'वस्तु' की गतिविधि पर्यवेक्षक की संवेदनाओं से निर्लिप्त नहीं होती, बल्कि 'वस्तु' अपनी अवस्थिति और गतिविधि इस कारण बदल सकती है कि उसका अध्ययन कहाँ से और कैसे किया जा रहा है। यानी 'वस्तुनिष्ठता' उतनी वस्तुनिष्ठ वस्तु है नहीं, जितनी हम समझते आए हैं।

कार्यकारण जैसे मूलभूत वैज्ञानिक नियम का अभाव हमारे अनुभव के भौतिक जगत (मैक्रो वर्ल्ड) के धरातल पर भले ही अटपटा लगे, लेकिन सूक्ष्मजगत (माइक्रो वर्ल्ड) के धरातल पर वह प्रयोग तथा पर्यवेक्षण से पुष्ट सच्चाई है। उस धरातल पर तो कण और किरण (या तरंग) के बीच भेद करना ही असम्भव है; इसीलिए पदार्थ के जिस अवतार का अध्ययन उस धरातल पर भौतिकीविद् करते हैं उसे नाम दिया गया—क्वांटम। क्वांटम याने पदार्थ भी, ऊर्जा भी, बल भी गति भी- एक अविभाज्य सत्ता।

क्वांटम भौतिकी के जन्मदाता नील्स बोर का एक कथन भौतिकी, दर्शन या मानव अनुभव के किसी भी क्षेत्र में गम्भीर विमर्श का सच्चा प्रतिमान प्रस्तुत करता है। उनका कहना है, "गलत वक्तव्य का प्रतिवाद बेशक़ सही वक्तव्य से होता है; लेकिन किसी गहरे सत्य का विकल्प दूसरा गहरा सत्य होता है" क्लासिकल भौतिकी को 'ग़लत वक्तव्य' नहीं माना जा सकता , लेकिन उससे छूट गए 'गहन सत्य' का रेखांकन करने का काम क्वांटम भौतिकी ने किया। यहाँ एक मार्मिक ऐतिहासिक तत्य पर ध्यान दें। यूरोपीय दर्शन में चली आ रही 'भौतिकवाद बनाम भाववाद' की बहस की पदावली का गठन कैसे हुआ ? क्योंकर इस बात को प्राथमिक ज़रूरत मान लिया गया कि आप या तो चेतना को पदार्थ का विस्तार मानें या पदार्थ को चेतना की रचना ? इस द्वैतवाद का गहरा सम्बन्ध ईसाई चिन्तन में 'धर्मसिद्ध' मान लिए गए आत्मा (स्प्रिट) और पदार्थ (मैटर)

के द्वैत से है। यह द्वैत प्रारम्भिक ईसाइयत के स्वभाव में नहीं था; तीसरी सदी में गठित की गई 'अधिकृत' ईसाइयत के स्वभाव में इसे लाया गया। रोमन सम्राट कांस्टेंटाइन के निर्देशों और इच्छाओं के अनुसार न्यू टेस्टामेंट का संकलन, सम्पादन किया गया —और ईसा मसीह के समकालीनों, मित्रों, शिष्यों द्वारा लिखे गए चालीस गॉस्पेल्स में से केवल चार 'अधिकृत' बाइबिल में शामिल किए गए। बाकी को बाकायदा छिपाया गया, दबाया गया। बीसवीं सदी के मध्य में इनमें से कुछ की संयोगवश प्राप्ति के बाद तो यह सच्चाई उजागर हुई कि आरम्भिक ईसाइयत 'आत्मा' और 'पदार्थ' के बीच द्वैत या विरोध की कल्पना नहीं करती थी। अन्य सभ्यताओं के साधकों की तरह, मध्य एशिया के ये 'रहस्यवादी' (ग्नॉस्टिक) साधक भी परम सत्ता की अविभाज्यता की अन्तर्दृष्टि से सम्पन्न थे।

बहरहाल, सदियों तक यह द्वैत बौद्धिक विमर्श में बद्धमूल रहा— और विवाद की पदावली का निर्धारण करता रहा। 'भौतिकवाद बनाम भाववाद' की सारी बहस यह मानकर ही होती रही कि पदार्थ और चेतना का स्वभाव भिन्न प्रकार है। वे दो अलग-अलग सत्ता-अवधारणाएँ हैं। वर्चस्वशील विचारधारा ने 'चेतना' की अवधारणा को ऐसे एक ईश्वर की कल्पना तक पहुँचा दिया, जिसने जगह का निर्माण कर दिया, उसके संचालन के नियम निर्धारित कर दिए और फिर शुभ-अशुभ का सतत निर्णयकर्त्ता बन गया। मनुष्य की अस्तित्वगत वेदना और जिज्ञासा—उसकी अध्यात्म सत्ता—का अनिवार्य सन्दर्भ बिन्दु भी पदार्थ की 'रचना' करनेवाले, 'जगत' से 'अलग' सातवें आसमान पर बैठे खुदा से जोड़ दिया गया—और इस प्रकार भाववाद-अध्यात्म-धर्मसत्ता के इतिहासबद्ध समीकरण को 'शाश्वत सत्य' का दर्जा भी प्राप्त हो गया। अपना निवेदन इस समीकरण की 'शाश्वतता' पर पुनर्विचार करने का, और मनुष्य की अस्तित्वगत, अध्यात्मचेतना के धर्मेतर सन्दर्भ बिन्दु की तलाश करने का ही है।

यह कहना सर्वथा निराधार है कि "अमूर्त संकल्पनात्मक परिकल्पना मानवीय चेतना का सहज स्वभाव नहीं है।" असल में तो, अमूर्तन की क्षमता ही मनुष्य को मनुष्य बनाती है। हर 'अमूर्त संकल्पनात्मक परिकल्पना' को 'पराशक्ति' से जोड़ने की ग़लती तभी होती है जब आप पदार्थ और चेतना को अलग-अलग, विच्छिन्न संकल्पनाओं के रूप में ग्रहण करें। सातवें आसमान पर बैठे एक ईश्वर की कल्पनावाले भाववाद पर भौतिकवाद निश्चय ही तार्किक रूप से भारी पड़ता है; लेकिन क्वांटम के व्यवहार को ध्यान में रखनेवाला भौतिकवाद उस भौतिकवाद पर भी भारी पड़ता है जो अध्यात्म ही नहीं, अमूर्तन मात्र को चट से 'भाववादी' कहकर ख़ारिज़ कर देता है।

पदार्थ और चेतना के अविभाज्य गुँथाव; पर्यवेक्षक-पर्यवेक्षित के परस्पर सम्बन्ध और कार्य-कारण नियम की बजाय 'सम्भावना सिद्धान्त' द्वारा वैज्ञानिक रूप से सिद्ध की जा चुकी इन बातों को ध्यान में रखें तो 'भौतिकवाद बनाम भाववाद' की चर्चा की पदावली ही बदल जाती है। अस्तित्व चूँकि पाँसे के खेल की तरह है—इसलिए जिज्ञासा उन सम्भावनाओं की हो जाती है—जिनमें से 'चुनाव' किया जा सकता है। सूक्ष्म जगत

में क्वांटम द्वारा और व्यावहारिक अनुभव के धरातल पर नैतिक विवेक द्वारा। क्वांटम के धरातल पर विभिन्न प्रकार के द्वैत फिज़ूल हैं। वह कण भी है, तरंग भी, 'शरीर' भी है, 'आत्मा' भी। जरूरत यही समझने की है कि तरंग कण की गतिविधि नहीं, स्वयं कण है। कण तरंग का अधिष्ठान नहीं, स्वयं तरंग है। अस्तित्व को कण और तरंग के साथ सुथरे विभाजन में बाँटा ही नहीं जा सकता। 'स्प्रिट' और 'मैटर' के बीच, 'भाव' और 'पदार्थ' के बीच प्राथमिकता-अनुषंगिकता का निर्धारण किया ही नहीं जा सकता। वह सत्ता अविभाज्य है—और इस अविभाज्यता का, अद्वैत बोध का द्वन्द्वात्मक पद्धति से कोई तार्किक विरोध नहीं है।

नील्स बोर कहा करते थे कि क्वांटम भौतिकी वैज्ञानिक को विवश कर देती है कविता की भाषा अपनाने के लिए। कविता की भाषा याने गहरी अन्तर्दृष्टि की भाषा। ऐसी भाषा जिसके अविभाज्य अस्तित्व के क्वांटम को साधारण वाक्य की तरह उद्देश्य और विधेय में विभाजित किया ही नहीं जा सकता। नील्स बोर जिस भाषा में बोलने को 'विवश' हुए उसी भाषा में बोल रही है, 'कामायनी' के कवि की पंक्ति : "एक तत्त्व की प्रधानता, कहो उसे जड़ या चेतन।"

9 मई, 2004

धर्म की रागात्मक भूमिका और धर्मेतर अध्यात्म

धर्म के कट्टर, हिंसक और प्रतिक्रियावादी रूपों की वापसी से इस समय सारा संसार त्रस्त है। धर्म का डरावना जादू जैसे दुनिया के सर चढ़कर बोल रहा है और वैज्ञानिक, जनवादी चेतना से सम्पन्न लोगों को इस जादू की काट करनेवाला मन्त्र ढूँढे नहीं मिल रहा। आख़िर क्यों ? हालत का जायजा लेते हुए मार्क युरगेंसमेयेर ने इस प्रसंग में मार्के की बात कही है, "शुभ-अशुभ के बीच शाश्वत, सृष्टिगत (कॉस्मिक) संघर्ष की कल्पना घोर निराशा के क्षणों में, अपनी मिथकीय-ताकत के चलते बहुत बड़ा संसाधन बन जाती है।" (टेरर इन दि माइंड ऑफ गॉडः 'दि ग्लोबल राइज़ ऑफ रिलीज वायलेंस'—ओयूपी, नई दिल्ली, 2003, पृ. 287) इस संसाधन का उपयोग इस वक्त कैसे-कैसे लोगे कैसे-कैसे लक्ष्यों के लिए कर रहे हैं—इसके अलग-अलग उदाहरण गिनाने की ज़रूरत है क्या ?

निराशा के इस ऐतिहासिक क्षण का परिवर्तन के स्वप्नों की दुखदाई विफलता से सम्बन्ध तो स्पष्ट ही है, लेकिन बहुत बड़े संसाधन के रूप में धर्म की वापसी का गहरा रिश्ता धर्म की अपर्याप्त, अधूरी और असम्यक् आलोचना से भी है। धर्म की 'अधार्मिक' या धर्मेतर समीक्षा का मार्क्स-द्वारा किया गया आह्वान एकदम सही था। अधार्मिक याने स्वयं धर्म की पदावली के बाहर से की गई समीक्षा-उसकी सामाजिक, ऐतिहासिक भूमिका की समीक्षा। ऐसी-समीक्षा का प्रतिमान बनाया गया 'वैज्ञानिक चेतना' को। ऐसी समीक्षा की दृष्टि स्वभाविक रूप से धर्म का बोधात्मक भूमिका पर ही केन्द्रित थी। ऐसी समीक्षा 'अधार्मिक' तो निस्सन्देह थी, लेकिन वह सम्यक् समीक्षा न बन सकी।

फ्रेडरिक एंगेल्स ने 1886 में घोषणा की, "धर्म आनेवाले दौर में किसी प्रगतिशील वर्ग की आकांक्षाओं के विचारधारात्मक आवरण की भूमिका निभाने में अक्षम हो चुका है" धर्म द्वारा बीच-बीच में निभाई गई प्रगतिशील भूमिका का ध्यान रखते हुए भी एंगेल्स ने रेखांकित किया, "धर्म का उदय आदिम समय में, प्रकृति और परिवेश के बारे में मनुष्य के भ्रान्त विचारों से ही हुआ है।" एंगेल्स के लिए स्पष्ट था कि धार्मिक चेतना की जगह वैज्ञानिक चेतना ले रही है, इसलिए धर्म की भूमिका समाप्त होने को है। उसकी नियति इतिहास और मानव चेतना के हाशिए पर पहुँच जाने की ही है। ('लुडविग फायरबाख़ एंड दि आउटकम ऑफ जर्मन फिलॉसफी' इंटरनेशनल पब्लिशर्स, न्यूयॉर्क, 1974, पृ. 56-59)

एंगेल्स की सदी—उन्नीसवीं सदी—विज्ञान के अभूतपूर्व आत्मविश्वास और विस्तार

की सदी थी। विज्ञान की पर्यवेक्षण,—प्रयोग आधारित विधियों के सामने प्रकृति और परिवेश की धर्मानुमोदित व्याख्याएँ बेबस हो चली थीं। धर्म की भूमिका के अन्त के आरम्भ की घोषणा करते हुए एंगेल्स अपने समय की अग्रगामी सामाजिक चेतना के आशावाद को ही स्वर दे रहे थे।

लेकिन क्या आज की अग्रगामी चेतना भी धर्म की भूमिका के अन्त को लेकर ऐसा आशावाद अपना सकती है ? प्रतिक्रियावादी रूप तो ख़ैर अपनी जगह, 'प्रगतिशील वर्गों के विचारधारात्मक आवरण' के रूप में भी धर्म की भूमिका समाप्त हो गई नहीं लगती। मार्क्स-एंगेल्स के धर्म सम्बन्धी चिन्तन का बौद्धिक सन्दर्भ स्वाभाविक रूप से ईसाइयत से जुड़ा हुआ था। और इसी ईसाइयत के साथ मार्क्सवादी दृष्टि के संवाद के फलस्वरूप बीसवीं सदी में 'मुक्तिकामी धर्मशास्त्र' का विमर्श विकसित हुआ। उसी ईसाइयत से प्राप्त 'कनफेशन' की धारणा का कल्पनाशील विस्तार नेल्सन मंडेला के दक्षिण अफ्रीका में किया गया। 'सत्य और सामंजस्य आयोग' की स्थापना कर रंगभेदोपरान्त दक्षिण अफ्रीका को प्रतिशोध की राजनीति की चपेट में आने से बचाया गया। अन्य धर्म-परम्पराओं से भी परिवर्तन गामी राजनीति के सन्दर्भ-बिन्दु सर्जनात्मक प्रतिभाओं ने प्राप्त किए। गाँधीजी का उदाहरण तो ख़ैर विख्यात है ही, सहजानन्द सरस्वती की चर्चा भी हम कर चुके हैं। दूसरी तरफ, धर्म ने प्रतिक्रियावादी, प्रतिशोधपरक और हिंसक राजनीति के माध्यम के रूप में भी महाभयानक शक्ति अर्जित की है।

और यह सब तब जबकि विज्ञान का अभूतपूर्व विस्तार हुआ है। प्रकृति और परिवेश के बारे में 'भ्रान्त धार्मिक विचारों' की जगह वैज्ञानिक चेतना का बोलबाला है। विडम्बना यह है कि इस वैज्ञानिक चेतना और इससे उत्पन्न प्रविधि का उपयोग करने में धार्मिक कट्टरतावादी किसी से पीछे नहीं है। विज्ञान की सैद्धान्तिकी और उसकी व्यावहारिक प्रविधि के बीच ग़ज़ब की फाँक पैदा हो गई है। एक ही सदी के अनुभवों ने दिखा दिया है कि वैज्ञानिक चेतना और प्रविधि का विकास धर्म को हाशिए पर पहुँचाने में पूरी तरह विफल रहा है।

ऐसा क्योंकर हुआ ? धर्म और वैज्ञानिक चेतना के बीच उल्टे अनुपात का सम्बन्ध माननेवाले आशावाद की बुनियादी खामी क्या थी ?

वह खामी थी—धर्म के बोधात्मक पक्ष को ही उसका सार और सर्वस्व मान लेना। मानवीय चेतना में धर्म की रागात्मक भूमिका की पूर्ण उपेक्षा करना। यह मान लेना कि मनुष्य का रागात्मक पक्ष उसकी बोधात्मकता का ही एक रूप मात्र है। उसकी कोई स्वायत्त सत्ता है ही नहीं। मान लिया गया कि भाव प्रसार ज्ञान के भीतर ही होता है। भुला दिया गया कि कई बार भाव ज्ञान प्रसार करता है। ज्ञान की पदावली, उसकी शक्लो-सूरत बदल डालता है। यह भूल उन्नीसवीं सदी की वैज्ञानिकता का मानो स्वभाव ही बन गई। जो विचार इस 'वैज्ञानिकता' की चौहद्दी में सामने से इनक़ार करे, वह 'रहस्यवादी' मान लिया गया। भौतिकी के सन्दर्भ में 'अवैज्ञानिक' और सामाजिक सन्दर्भ में, 'प्रतिक्रियावादी'।

धर्म के केवल बोधात्मक पहलू को समीक्षा का विषय बनाना- इस 'वैज्ञानिकता' का ही परिणाम था। रागात्मक चूँकि बोधात्मक का ही एक रूप है, इसलिए उसकी अलग से समीक्षा करने की ज़रूरत ही क्या ? सृष्टि के सभी रहस्यों की वैज्ञानिक व्याख्या या तो हो गई या होने को है। कुछ नियम जान लिए गए, कुछ जान लिए जाएँगे—सो धर्म की ऐतिहासिक भूमिका अब समाप्त हुई। अब मनुष्य के बोध में धर्म का स्थान विज्ञान को लेना ही है।

समस्या लेकिन यह है कि मनुष्य रचाव के रहस्य को सिर्फ़ खोलना ही नहीं, सराहना भी चाहता है। जितनी प्रबल उसकी जिज्ञासा है; उतना ही अदम्य है अज्ञेय के प्रति उसका आकर्षण। फूल की पंखुडियों को एक-एक कर उतारना जितना मानवीय है, उतना ही मानवीय है उसके रचाव पर मुग्ध और विस्मित होना। रचाव के प्रति विस्मय भरा आकर्षण ही तो है मनुष्य का सहजात सौन्दर्य बोध। इसीलिए वह कविता या चित्र जैसी अमूर्त्तनपरक रचना में ही नहीं, घड़ा बनाने या रोटी पकाने जैसी शुद्ध व्यावहारिक और उपयोगपरक रचना में भी सौन्दर्य, अनुपात और सौष्टव की रचना भी करता है, सराहना भी। जिज्ञासा, विस्मय, सौन्दर्य, प्रेम—ये सब मानवीय स्वभाव की एक-सी महत्त्वपूर्ण विभूतियाँ हैं। इनमें से किसी एक को लक्ष्य या साध्य—बाक़ी सबको उपकरण या साधन मानना निराधार और घातक है। आइंस्टीन ने जब किसी वैज्ञानिक निष्कर्ष की स्वीकृति की शर्त यह लगाई कि उसे 'सही' के साथ-साथ 'सौष्ठवपूर्ण' भी होना चाहिए तो वे मानवीय स्वभाव की इसी समग्रता का मार्मिक और 'वैज्ञानिक' रेखांकन कर रहे थे।

धर्म बोधात्मक को तो सम्बोधित करता ही है—साथ-ही-साथ वह उतने ही जरूरी रागात्मक से भी संवाद करता है। 'ज्ञान' और 'बोध' तो वह प्रदान करता ही है, अज्ञेय के प्रति अदम्य, रागात्मक आकर्षण को धारण करनेवाला माध्यम भी बनता है। यों तो प्रेम क्या है—सिवाय हारमोनों की खुराफ़ात के, लेकिन वह हमारा सर्वाधिक वैयक्तिक सर्वाधिक सामाजिक और सर्वाधिक रहस्यपूर्ण अनुभव है। इस अनुभव का 'वैज्ञानिक' बोध उतना महत्त्वपूर्ण नहीं, जितनी कि उसके रागात्मक रहस्य की संवेदना और प्रतीति। इस प्रतीति के कई रूप कई बार लौकिक सन्दर्भ में प्रदत्त मर्यादा को अस्वीकार्य लगते हैं, और मनुष्य को असम्भव। अलौकिकीकरण के जरिए धर्म प्रेम की सम्भावना का अवकाश रचता है बोधात्मक-रागात्मक की द्वन्द्वात्मक समग्रता के जरिए वह 'मानुष प्रेम' को 'बैकुंठी' बना देता है। इस तरह धर्म मनुष्य की रागात्मकता को तृप्त करता है और इसके फलस्वरूप स्वयं धर्म-विमर्श में रूपान्तरण लानेवाली, भक्ति और तसव्वुफ़ जैसी भावदृष्टियाँ सम्भव होती हैं।

धर्म की भूमिका केवल बोधात्मक या संज्ञानात्मक नहीं, बल्कि रूपान्तरणपरक है। बोधात्मक-रागात्मक समग्रता की उपेक्षा करनेवाली धर्म-समीक्षा धर्म की सामाजिक-ऐतिहासिक भूमिका को चूँकि बोधात्मक सन्दर्भ में ही देखती है; इसलिए वह वैज्ञानिक चेतना को धर्म का विश्वसनीय विकल्प मान बैठती है। अनुभव की सच्चाई यही है कि वैज्ञानिक चेतना

धर्म की रागात्मक भूमिका का विकल्प नहीं बन सकती, स्वयं वैज्ञानिकों तक की चेतना में नहीं। इसलिए यह स्वाभाविक लगता है—भीष्म साहनी के शब्द याद करें कि—''वक्त बीतने पर शायद प्रत्येक व्यक्ति अपने लिए एक छोटा-सा 'निजी धर्म' गढ़ लेता है।'' ('आज के अतीत' राजकमल, नई दिल्ली, 2003, पृ. 287)

लेकिन ऐसे 'निजी धर्म' की छूट धर्मसत्ता भला क्योंकर दे ? वह तो रागात्मक-बोधात्मक समग्रता के बल पर मनुष्य को विवश करती है—'फाउस्टियन पैक्ट' अपनाने के लिए। सुरक्षा के बदले विवेक; पावनता के बदले मूल्य बोध का सौदा आरोपित करनेवाला फाउस्टियन पैक्ट। इस पैक्ट की सफलता का राज़ ही यह है कि यह सिर्फ़ भय या भ्रान्ति पर आधारित नहीं, बल्कि बोधात्मक और रागात्मक दोनों को एक साथ सम्बोधित करने की सामर्थ्य पर आधारित है। इसी सामर्थ्य के कारण धर्म 'टोटल नेरेटिव' है—और इसी सामर्थ्य के कारण वह बन जाता है—टोटेलेटेरियन नैरेटिव'। धर्म का चरित्र और उसकी भूमिका यदि केवल बोधात्मक होती तो धर्म का ऐसा 'टोटेलेटेरियन' बन जाना सम्भव न था। भ्रान्त विचारों के स्थान पर वैज्ञानिक चेतना की प्रतिष्ठा हो जाने के बावजूद धर्म की ताक़त का बने रहना सम्भव न था। मनुष्य के सहज विवेक के विरूद्ध उतनी ही सहज पावनता की प्यास को अड़ा पाना सम्भव न था। धर्म की बोधात्मक-रागात्मक संवादक्षमता के कारण ही उसके साथ मनुष्य का सम्बन्ध मोहात्मक हो जाता है—विवेक विरोध की हद तक मोहात्मक। यह मोहात्मक सम्बन्ध ही धर्मसत्ता द्वारा मनुष्य पर आरोपित 'फाउस्टिन पैक्ट' का आधार है।

इस पैक्ट से बाहर आने की पहली शर्त है : रागात्मक के स्वायत्त महत्त्व की स्वीकृति। धर्म के बोधात्मक पक्ष के साथ ही उसके रागात्मक पक्ष के विकल्प की खोज। उन्नीसवीं सदी के विज्ञानपरक आशावाद की भूमिका में पनपी धर्म-समीक्षा की बुनियादी समस्या ही है—धर्म के रागात्मक पक्ष की उपेक्षा। ऐसी समीक्षा ध्यान देती है धर्म के आस्था तन्त्र और अस्मिता बोध पर। वह भुला देती है कि धर्म के ये दोनों घटक ताकत हासिल करते हैं—पावनता, लोकोत्तरता, नैतिकता और अध्यात्म सम्बन्धी धर्म के दावों के कारण। धार्मिक आस्थातन्त्र 'विचारधारात्मक आवरण' बनता ही है—अध्यात्म की मानवीय पिपासा को तृप्त करने के दावों के कारण। धर्म द्वारा प्रस्तावित 'भ्रान्त विचार' बोधात्मक धरातल पर मनुष्य-पर-मनुष्य के चित्त में जगह जमाते ही हैं—धर्म की रागात्मक भूमिका के बल पर।

धर्म निश्चय ही मनुष्य द्वारा रचा गया है—वैसे ही जैसे राज्यसत्ता। राज्यसत्ता—एक विचारधारात्मक निर्मिति—जिसे आदर्श सामाजिक स्थिति में तिरोहित हो जाना है। लेकिन क्या राज्यसत्ता के तिरोभाव के साथ वे सरोकार भी तिरोहित हो जाएँगे—जिन्होंने राज्यसत्ता को ऐसी 'शाश्वतता' प्रदान की ? राज्यसत्ता एक ऐतिहासिक निर्मिति के रूप में जरूरी और सफल इसीलिए रही क्योंकि उसके जरिए मनुष्य की स्वाभाविक वृतियों—आत्मरक्षा और करुणा—की उचित ढंग से तृप्त करने का दावा किया गया। राज्यसत्ता के पहले भी थीं ये वृत्तियाँ और उसके बाद भी रहेंगी। वस्तुतः राज्यसत्ता का

तिरोभाव तब तक सम्भव ही नहीं है जब तक कि इन दोनों वृत्तियों को साधनेवाला विश्वसनीय विकल्प उपलब्ध न हो जाए। राज्यसत्ता निस्सन्देह इतिहासबद्ध, विचारधारात्मक निर्मिति है—लेकिन आत्मरक्षा और करूणा मनुष्य के स्वभाव का अंश हैं। राज्यसत्ता के तिरोभाव की शर्त हैः इन अंशों को धारण करनेवाला विकल्प।

इसी तरह, धर्म इतिहासबद्ध, विचारधारात्मक निर्मिति है—जिसकी ताक़त का आधार हैः मनुष्य की अस्तित्वगत, अनुभवसम्मत सच्चाई को—आध्यात्मिक पिपासा को तृप्त करने का दावा। मनुष्य को तृप्ति चाहिए बोधात्मक-रागात्मक दोनों धरातलों पर। सामाजिक-आधात्मिक दोनों सन्दर्भों में। धर्म ज़रूर हृदयहीन जगत का हृदय है; लेकिन अध्यात्म संवेदना हृदयसम्पन्न जगत में भी बनी रहनेवाली है। सभी रहस्यों का उद्घाटन हो जाने के बाद भी (यदि कभी ऐसा हो सके !) अज्ञेय के प्रति मनुष्य की रागात्मकता बनी रहनेवाली है। धर्म की शक्ति ईश्वर में आस्था से सम्भव नहीं होती। सभी धर्मों को ध्यान में रखें जो स्पष्ट दीखता है कि ईश्वरवाद धर्म दृष्टि का सार्वभौम लक्षण है ही नहीं। महत्त्व ईश्वर के होने न होने की बोधात्मक समस्या का उतना नहीं है जितना कि सृष्टि के अनन्त अस्तित्व के साथ रागात्मक सम्बन्ध का। ईश्वर का होना या न होना नहीं, मनुष्य की अध्यात्म सत्ता को भाषा देने का दावा ही धर्म को मनुष्य के लिए इतना ज़रूरी बनाता है।

धर्म की सम्यक् समीक्षा को धर्म में निहित बोधात्मक-रागात्मक की द्वन्द्वात्मक समग्रता पर ध्यान देना ही होगा। वरना जो होता आया है, बार-बार होगा। आप समझें कि धर्म से पिंड छूटा और इतिहास के अगले ही मोड़ पर धर्म मुँह फैलाए खड़ा मिल जाए। और भी अधिक शक्तिशाली रूप में, और भी अधिक विकृत रूप में।

धर्म की शक्ति का सबसे बड़ा स्रोत हैः अध्यात्म संवेदना पर उसका एकाधिकार। वह एकाधिकार जिसे धर्म के अनुयायी तो खैर मानेंगे ही धर्म के आलोचक भी जिसे स्वयंसिद्ध मान बैठे हैं। ऐसी स्वीकृति या फिर आध्यात्म संवेदना का ही पूर्ण नकार—धर्म समीक्षा की यह पद्धति धर्म की ताकत को कम करने की बजाय उसे बढ़ाती ही आई है। सैद्धान्तिक और व्यावहारिक दोनों धरातलों पर, सम्यक् धर्म समीक्षा की मूलभूत चुनौती है—धर्म की रागात्मक भूमिका की भी समीक्षा करने की—धर्म के बाहर अध्यात्म की कल्पना करने की।

23 मई, 2004

परिशिष्ट

धर्मशास्त्र से मुक्ति और मुक्तिकामी धर्मशास्त्र

स्वामी सहजानन्द सरस्वती रचनावली (सं. राघवशरण शर्मा) : एक समीक्षा

स्वामी सहजानंद सरस्वती के बिना भारतीय किसान आंदोलन के इतिहास की कल्पना नहीं की जा सकती। किसान आंदोलन का अध्ययन करनेवालों ने, खासकर बिहार के संदर्भ में उनके योगदान पर ध्यान दिया भी है, लेकिन अपर्याप्त रूप से। अधिकांश अध्ययनों में स्वामी जी केवल एक संगठनकर्त्ता और आंदोलनकारी के रूप में उभकर आते हैं। उनके विवचारपक्ष और उनके अत्यंत रोमांचक जीवन संघर्ष का सम्यक् विश्लेषण अभी होना बाक़ी है। इस कमी का एक कारण तो यही है कि स्वामीजी का लेखन और भाषण, उनका विचार-चिंतन आसानी से उपलबध नहीं रहा है। 'गीता-हृदय', 'मेरा जीवन संघर्ष', 'किसान कैसे लड़ते हैं', सरीखी चर्चित रचनाएँ भी लम्बे समय से अनुपलब्ध रही हैं।

ऐसी स्थिति में, स्वामी सहजानंद रचनावली का प्रकाशन स्वागतयोग्य है। स्वामीजी की लगभग सभी महत्त्वपूर्ण रचनाओं को एक साथ उपलब्ध कराने के लिए प्रकाशक और संपादक धन्यवाद के पात्र हैं। स्वाभाविक रूप से, संपादक श्री राघवशरण शर्मा ने एक लम्बी भूमिका भी लिखी है, जिससे स्वामीजी के जीवनक्रम के साथ उनके विचार-विकास का एक नक्शा पाठक को सुलभ हो जाता है। संपादक ने स्वाधीनता आंदोलन और किसान आंदोलन से जुड़े विभिन्न नेताओं और राजनैतिक प्रवृत्तियों पर टिप्पणियाँ भी दी हैं। स्वामीजी तथा बिहार के किसान आंदोलन के अध्येताओं के काम पर भी संपादक ने कुछ टिप्पणियाँ की हैं—लेकिन बिना उपयुक्त हवालों के। भूमिका यदि थोड़े अकादमिक अनुशासन के साथ लिखी जाती तो और उपयोगी हो सकती थी।

स्वामीजी के सामाजिक जीवन का आरंभ 1914 में होता है—बलिया की भूमिहार सभा के बाद। उसके पहले के 'बरस प्रीतम के दर्शन के लिए धर्मशास्त्र से मुक्ति' (रचनावली खंड-2, पृ. 36) और 'सच्चे योगी' की तलाश के बरस थे। 'मेरा जीवन संघर्ष' में एक बात तुरंत ध्यान खींचती है। पाठक का सामना सीधे सहजानंद से होता है, अपने जन्म और बचपन को याद करते हुए भी स्वामीजी कहीं अपने गृहस्थाश्रम के नाम नौरंग राय का उल्लेख नहीं करते। संन्यास की अवधारणा को सचाई के साथ आत्मक्षात

करनेवाले से यही अपेक्षित भी है। इस दौर की अपनी खोज का विवरण देते हुए स्वामीजी नरसिंहपुर जिले के माने गाँव के संपन्न मालगुजार का उल्लेख बड़ी गहरी कृतज्ञता के साथ करते हैं। वेदान्त और संन्यास बोध से सम्पन्न मनुष्य का कर्त्तव्य क्या है ? आत्मसाधना का समाजधर्म से क्या कोई लेना देना नहीं ? 'मेरा जीवन संघर्ष' इन सवालों के जवाब खोज लेने के बाद लिखा गया, और जिन जवाबों ने स्वामीजी का जीवन परिभाषित किया, उनके संकेत इन मालगुजार साहब के जीवन में थे, लेकिन स्वामीजी के जीवन में इन संकेतों का समय अभी आना था। वेदना और कृतज्ञता के साथ लिखते हैं, "...उक्त ठाकुर साहब के चारों दानों और वेदान्त ज्ञान का विचार करता हूँ—तो अपने ऊपर तरस आता है...आखिर उन्हें देखकर भी मुझे यह अक्ल बहुत दिनों तक प्रायः दस वर्षों तक क्यों न सूझी और भटकता फिरा ? असल में मेरा वेदान्त तब अपरिपक्व था और उनका था परिपक्व।" (खंड 2, पृ. 51)

जब यह वेदान्त 'परिपक्व' हुआ, तो उसने स्वामीजी की समाजचिन्ता को भूमिहार सभा से लेकर किसान सभा तक की यात्रा कराई। इस यात्रा के अनुभवों का जो संवाद स्वामीजी द्वारा बड़ी मेहनत से कमाए गए वेदान्त, न्याय और व्याकरण के ज्ञान से हुआ, उसी ने 'गीता हृदय' में 'संकुचित मुक्ति मार्ग' और 'निष्क्रिय अध्यात्मवाद और वेदान्तवाद' की जगह उस 'गीता-धर्म' का बोध कराया जिसका मार्क्सवाद के साथ विरोध नहीं है बल्कि, "गीता के 'सर्वभूतात्मात्मा' और 'सर्वभूतहितेरताः' सिवाय सच्चे मार्क्सवादियों के कौन हो सकते हैं ?" (खंड 3, पृ. 5)

1914 के बाद स्वामीजी ने भूमिहार सभा के माध्यम से, पहली बार सामाजिक प्रश्नों में दिलचस्पी ली। प्रश्न ब्राह्मण समुदाय में भूमिहारों की स्थिति को लेकर सामने आया था। बीसवीं सदी के उन आरंभिक दशकों में सभी जातियों में एक प्रकार का आत्म अनुसंधान चल रहा था। सामाजिक पदानुक्रम की मान्यताओं और जाति विशेष की वास्तविक सामाजिक, आर्थिक सत्ता के बीच तनाव उत्पन्न होने की यह स्वाभाविक परिणति थी। अपनी सैद्धांतिक सामाजिक स्थिति से असंतुष्ट जातियाँ आग्रह कर रही थीं कि उन्हें उनका 'उचित स्थान' प्राप्त हो। खासकर बिहार में, अनेक जाति सभाएँ बन रही थीं—जो एक ओर अपनी परंपरागत जीवनपद्धति पर पुनर्विचार कर रही थीं, तो दूसरी ओर सामाजिक पदानुक्रम में 'उचित स्थान' का आग्रह। इस प्रक्रिया के अंतर्गत विभिन्न जातियों ने अपने इतिहास का नया आख्यान गढ़ा, और संगठित होने के लिए आधुनिक तौर तरीके अपनाए। विभिन्न जातियों के संदर्भ में ऐसे प्रयासों के सामाजिक-राजनैतिक निहितार्थों पर अध्येताओं ने ध्यान दिया है। इस प्रसंग में स्वामीजी की यह टिप्पणी जितनी दो टूक है, उतनी ही संकेतपूर्ण भी, "जातीय सभाएँ पहले तो सरकारी अफसरों को अभिनन्दन पत्र देने और राजभक्ति का प्रस्ताव पास करने के लिए थीं। इस प्रकार कुछ चलते-पुर्जे तथा अमीर लोग जातियों के नाम पर सरकार से अपना काम निकालते थे। अब जमाना पलटने से यदि वह न हो सके तो चुनावों में उनकी मदद से वोट तो मिलना ही चाहिए। मुझे खुशी है कि भूमिहार ब्राह्मण सभा के जरिए उपरोक्त दोनों कामों

का होना बंद कर दिया। सन् 1929 की गर्मियों में मुंगेर में तो उसे दफना भी दिया। ताकि न रहे बाँस, न बाजे बाँसुरी।'' (खंड-2, पृ. 174)

जाति या धर्म के नाम पर लोगों के 'नेचुरल लीडर' होने के दावे करने वाले 'चलते पुर्जे' आजकल भी यही कर रहे हैं। व्यवस्थागत प्रश्नों की बजाय, सामाजिक संरचना के सवालों की बजाय लोगों का ध्यान उनकी जन्मजात पहचान में उलझाना और इस तरह 'अपना काम निकालना'। समस्या प्रतिनिधित्व की अवधारणा की है और स्वामीजी की उपरोक्त टिप्पणी ही नहीं, उनका समूचा जीवन संघर्ष इस बात का प्रमाण है कि जन्मजात प्रतिनिधित्व, 'नेचुरल लीडर' सरीखी अवधारणाओं से टकराना वास्तविक परिवर्तन लाने के लिए कितना जरूरी है। इस तरह की अवधारणा को स्वीकार करना सहजानंद सरस्वती के लिए कठिन हो चला था। प्रसंग चाहे भूमिहारों के आत्मसम्मान का हो, चाहे मुसलमानों के आत्मनिर्णय का। किसान सभा के बैजवाड़ा अधिवेशन (1944) में उन्होंने सवाल उठाया कि हिन्दू हो या मुस्लिम किसी भी समुदाय के आंतरिक सामाजिक पदानुक्रम और तनावों की उपेक्षा कैसे की जा सकती है ? उन्होंने याद दिलाया, ''पाकिस्तान के आंदोलन का मुसलमानों के राष्ट्रीय आंदोलन से कोई भी संबंध नहीं। क्योंकि मुसलमान किसान कभी भी पाकिस्तान के आंदोलन के साथ नहीं रहे। यदि रहे भी तो एक मुसलमान की हैसियत से, किसान की हैसियत से कभी नहीं।'' (खंड-6, पृ. 161)

स्वामीजी का सवाल हिन्दू या मुसलमान की विशिष्ट धार्मिक-सांस्कृतिक पहचान की उपेक्षा करनेवाला सवाल नहीं है। इसीलिए वह अल्पसंख्यकों की स्थिति के प्रति असंवेदनशील सवाल नहीं है। सवाल यह है कि वामपंथी राजनीति के लिए किसी की निर्णायक हैसियत क्या है ? किसान की या मुसलमान की ? आत्मनिर्णय के प्रसंग में महत्त्व किस तरह की सामाजिक कोटियों को दिया जाना चाहिए ? किसान और मजदूर की कोटियों को या हिन्दू-मुसलमान की कोटियों को ?

वस्तुतः स्वामीजी के जीवनसंघर्ष के केन्द्र में है—किसान प्रश्न। इसके फलस्वरूप कुछ समस्याएँ भी उत्पन्न होती हैं। वाल्टर होजर, अरविन्द नारायण दास और अरुण कुमार ने इन समस्याओं की ओर ध्यान खींचा भी है। कहा गया है कि सारे नेक इरादों के बावजूद स्वामी जी की पद्धति एक ओर व्यापक राजनैतिक प्रश्नों की उपेक्षा सी करती प्रतीत होती है, तो दूसरी ओर सामाजिक-सांस्कृतिक अस्मिताओं तथा इन अस्मिताओं के परस्पर संबंध-संघर्ष की। दोनों ही समस्याएँ अत्यंत महत्त्वपूर्ण हैं, और विस्तृत विवेचन की माँग करती हैं। अभी तो इतना ही कहना उचित होगा कि उपरोक्त आलोचनाओं के प्रसंग में स्वामीजी का अपना मत जानना भी अत्यंत महत्त्वपूर्ण है। वे एक उथल-पुथल भरे समय में अपने आपको खोज रहे थे। सामाजिक और आध्यात्मिक दोनों धरातलों पर। राजनैतिक सक्रियता और बौद्धिक कर्म दोनों के माध्यम से विभिन्न प्रश्नों पर अपना पक्ष उन्होंने डट कर रखा है। उनके विचारों से बहस तो जरूर ही होनी चाहिए, लेकिन इतना स्पष्ट है जिन प्रश्नों से सहजानंद सरस्वती टकरा रहे थे वे प्रश्न हमारे लिए भी केवल ऐतिहासिक ही नहीं समकालीन भी हैं। इन प्रश्नों पर उनका मत उनके अपने शब्दों में

जानना ज्ञानवर्द्धक भी है, शिक्षाप्रद भी। इस लिहाज से, रचनावली का प्रकाशन सचमुच महत्त्वपूर्ण घटना है।

स्वामीजी के जीवन में निर्णायक मोड़ आया—लोकमान्य तिलक के निधन का समाचार जानकर; पिछले चार-पाँच बरस से भूमिहार सभा के प्रसंग में चली आ रही सामाजिक सक्रियता के क्षितिज का विस्तार हुआ। तिलक के निधनोपरांत कांग्रेस के सामने प्रश्न था—असहयोग आरंभ किया जाए या नहीं। गांधीजी बहुत ही आग्रहपूर्वक असहयोग के पक्ष में थे और उनके इस आग्रह ने जिन करोड़ो लोगों पर चुबकीय प्रभाव डाला—सहजानंद भी उन्हीं में से एक थे। 1920 के दिसंबर में उन्होंने पटना में राष्ट्रीय नेताओं के भाषण सुने और 5 दिसंबर को गांधीजी से लम्बी धार्मिक राजनीतिक चर्चा की। अपने जीवन के इस निर्णायक मोड़ की चर्चा करते हुए स्वामीजी ने दो बहुत ही महत्त्वपूर्ण बातों पर ध्यान दिया है। एक, "मैंने मौलाना आज़ाद का भाषण पसंद किया। क्योंकि मैंने बड़े गौर से सुना और देखा कि शुरू से अन्त तक उन्होंने एक बार भी इस्लाम का नाम न लेकर देश और उसके प्रश्नों का ही बार-बार उल्लेख किया। हालांकि घंटों बोलते रहे।" (खंड-2, पृ. 107) अन्य मौलानाओं के भाषणों से आज़ाद के भाषण का यह जो फ़र्क था, इसी से दूसरी बात निकलती है। गांधीजी से बातचीत में स्वामीजी ने सवाल किया कि ये मौलाना लोग ख़िलाफ़त का प्रश्न हल हो जाने पर लड़ाई से हट तो न जाएँगे। स्वामीजी रेखांकित करते हैं कि उनकी आशंका मुसलमान जनता को लेकर नहीं, अली बंधुओं जैसे मौलानाओं को लेकर थी जिन्हें गांधीजी मुसलमानों का स्वाभाविक नेता मान कर चल रहे थे। 1925-26 में जब इस तरह के नेता पूरी तरह से तबलीग और तंजीम के काम में जुट गए तो स्वामीजी ने अपना वार्तालाप याद दिलाते हुए गांधीजी को पत्र लिखा कि 'मेरा भय तो सही सिद्ध हुआ।' स्वामीजी के अपने शब्दों में, "गांधीजी ने जो उत्तर दिया—वह बिल्कुल ही निराला और चालाकी से भरा था, जिसकी मैंने उन जैसे साफ़ कहने वालों से आशा की थी नहीं...। 'आई डोंट रिपेंट माई एस्टिमेट ऑफ़ मोहम्मडंस!...मैंने मुसलमानों के बारे में कब पूछा था ? मेरा प्रश्न तो केवल कुछ मौलानाओं और नेताओं के बारे में था। तो क्या उसका उचित उत्तर यही है ? इससे मेरे दिल पर गांधीजी के सम्बन्ध में पहला धक्का लगा।" (खंड-2, पृ. 109)

इस पहले धक्के की नवैयत अहम है—गांधीजी जैसे साफ़ कहने वालों तक के मन में जन्मजात, 'नेचुरल' लीडरों की कोटि का बद्ध मूल होना। सहजानंद जी जब तक कांग्रेस में रहे, उसके घोषित सिद्धांतों के प्रति श्रद्धा के साथ रहे। कथनी-करनी का भेद नैतिक समस्या तो है ही, उसका राजनैतिक पहलू भी कम महत्त्वपूर्ण नहीं। ब्रह्मपुर के पशु मेले के प्रसंग से स्वामीजी ने सीखा कि गोरक्षा के नाम पर राजनीति, बल्कि हिंसा करने वालों के आर्थिक हित जुड़े थे इस बात से कि इस मेले में गोवंश आए और कसाइयों द्वारा खरीदा जाए। मेले में गोवंश लाने का विरोध जब स्वामीजी और उनके साथियों ने किया तो, "अध्यात्मवाद की भौतिकवाद से जमकर भिड़ंत हुई और अध्यात्म बुरी तरह पछाड़ा गया।" अपने स्वभाव के अनुसार सहजानंद जी ने दो टूक निष्कर्ष निकाला, "मैंने इस

गोहत्या का दोषी हिन्दुओं को ही मानना शुरू कर दिया और आज भी मेरी वह स्थिति ज्यों की त्यों है।" (खंड-2, पृ. 122)

सहजानंद सरस्वती अपने नवयौवन काल में परमात्मा, प्रीतम के दर्शन पाने के लिए 'धर्मशास्त्र से मुक्ति' पाने का प्रयास कर रहे थे। यही प्रयास 1914 में, जनसेवा की प्रेरणा में बदलता है—प्रेरणा प्राप्त होती है—प्रह्लाद के आख्यान से। संयोग नहीं कि प्रह्लाद का आख्यान सगुण और निर्गुण दोनों भक्ति परम्पराओं में केन्द्रीय स्थान रखता है। संन्यासी का काम तो विरक्त होना है, समाज के फंदों में वह क्यों फँसे ? इस आत्मसंघर्ष का समाधान सहजानंद यों करते हैं—"नरसिंह और प्रह्लाद के प्रसंग में एक श्लोक भागवत में आता है जिसमें भक्त प्रवर प्रह्लाद ने नरसिंह भगवान को उत्तर देते हुए स्पष्ट कर दिया है कि जनता की सेवा ही भगवान की सेवा और आराधना है।" (खंड-2, पृ. 99)

कितना मार्मिक संयोग है कि स्वामीजी के अंतिम महत्त्वपूर्ण भाषणों में से एक, विरक्त महामंडल, अयोध्या का अध्यक्षीय भाषण—वस्तुतः भागवत के उपरोक्त श्लोक का भाष्य-सा ही प्रतीत होता है। विरक्तों की, हिन्दूधर्म के अग्रणी धर्माचार्यों की उस सभा को अध्यक्षीय संबोधन देते हुए सहजानंद प्रह्लाद के शब्दों में अपनी आत्मा का ताप मिलाते हैं : मैं तो यहीं भला, इस शोषित-पीड़ित मानव समाज को यों ही जलता छोड़ मुझ अकेले को बैकुंठ मनहूस और भयावना लगेगा। (खंड-6, पृ. 467)

यह भाषण अप्रैल' 49 में दिया गया। देनेवाला बाकायदा दण्डधारी संन्यासी था। कोई सवा बरस पहले एक ऐसी ही बात एक और महात्मा ने अपनी प्रार्थना सभा में कही थी। उस महात्मा—गांधी—का तो महात्मा होना ही हिन्दू धर्म विमर्श की परम्परा में एक नवाचार था। वैसे ही जैसे दंडधारी संन्यासी द्वारा गीताधर्म और मार्क्सवाद में अविरोध—बल्कि परस्पर पोषण की कल्पना करना नवाचार था। हिंदू धर्म विमर्श की परम्परा में भी और मार्क्सवादी विमर्श की परम्परा में भी अपने सारे मतभेदों के बावजूद ये दोनों संन्यासी और महात्मा उन लोगों के सामने पुनर्विचार का एक अवसर तो प्रस्तुत करते ही हैं, जिनका सुचिंतित मत है कि 'हिन्दू धर्म परम्परा में मुक्तिकामी धर्मशास्त्र—लिबरेशन थ्यालॉजी—संभव ही नहीं है।

सहजानंद सरस्वती के जीवनसंघर्ष का सबसे ज्यादा महत्त्व इस बात में है कि वे पारंपरिक विद्या में पगे हुए बौद्धिक थे। उस परम्परा के साथ-साथ वे जनजीवन में पैठ रखते थे। वे वस्तुतः अपने समाज के आंगिक (ऑर्गेनिक) बौद्धिक थे—और साथ ही निर्भीक राजनीतिकर्मी। छह खंडों में संकलित इस रचनावली से गुजरते हुए पाठक स्वामीजी के तेजस्वी व्यक्तित्व को ही नहीं महसूस करता, स्वाधीनता आंदोलन के दौरान उठे ऐसे अनेक सवालों से भी टकराता है—जिनमें से कई आज तक अनसुलझे हैं।

ऐसे महत्त्वपूर्ण प्रकाशनों के संपादन और नियोजन में थोड़ी और सावधानी तथा कल्पनाशीलता दरकार है। संपादक की अपनी राय भूमिका तक सीमित रहनी चाहिए,

मूल पाठ पर की गई टिप्पणियों का सूचनापरक ही रहना बेहतर है। हिंदी के अधिकांश प्रकाशक विषयानुक्रमणिका (इंडेक्स) तैयार कराने को फिजूल का काम मानते हैं। प्रकाशन संस्थान ने भी इस मान्यता को पुष्ट किया है। इस तरह की पुस्तकों में इंडेक्स का न होना कितना खिझाता है—जाने कब यह बात प्रकाशकों, संपादकों को समझ आएगी।

नामानुक्रमणिका

अ

अटल जी (अटल बिहारी वाजपेयी)–101
अन्तोनियो ग्राम्शी–98
अब्दुल्लाह अल म' आरी–43, 44, 48, 49, 50, 51
अब्राहम लिंकन–69
स्व. अरविन्द नारायण दास–93
अरुण कुमार–97
अशोक माहेश्वरी–12, 32
अशोक शास्त्री–11, 12
अक्षय बकाया–85, 89

आ

आइंस्टीन–120
आज के अतीत (आत्मकथा) लेखक भीष्म साहनी–31, 32, 33, 35, 121

इ

इकबाल–33
इकॉनॉमिक एंड पॉलिटिकल वीकली
इकॉनॉमिक एंड फिलॉसॉफिकल मैन्युस्क्रिप्ट्स 1844 (1844 की आर्थिक एवं दार्शनिक पांडुलिपियाँ) लेखक कार्ल मार्क्स–26, 61, 109
इंद्रजीत गुप्त–106
इम्पीरियल एनकाउंटर्स (लेखक पीटर फानडेर फीर)–62

ई

ई.पी. थॉमसन–63
ईसा (ईसा मसीह)–95, 116

ए

एलेग्जेंडर फॉन हॅम्बोल्ट–32, 33
एसेंस ऑफ क्रिश्चियनिटी (लेखक लुडविग फायरबाख़)–26

ऐ

ऐसा भी सोचा जाता है (लेखक हरिशंकर परसाई)–59

ओ

ओम थानवी–10, 12

क

कथादेश (पत्रिका)–58
कबीर–33, 36-47, 50, 51, 56, 57, 58, 113
कलेक्टेड वर्क्स (लेखक महात्मा गांधी)–87
कांट–77, 78, 79
कामायनी (लेखक जयशंकर प्रसाद)–117
कार्ल मार्क्स–11, 25, 26, 29, 34, 49, 54, 59, 61, 62, 64, 65, 75, 76,

98, 100, 109-114, 118, 119
कांस्टेंटाइन—116
कॉस्मॉस (लेखक एलेग्जेंडर फॉन हॅम्बोल्ट)—32, 33
क्रिस्टोफर मारलो—23

ख

खान अब्दुल गफ़्फ़ार ख़ाँ—28, 49

ग

गजानन मेहनदाले—83
गजेन्द्र मैठाणी—79
ग्रंथावली (कबीर ग्रंथावली) संपादक श्यामसुंदर दास—38
गांधीजी (मो. क. गांधी, महात्मा गांधी)—15-21, 28, 49, 54, 68-76, 85, 86, 87, 89, 93, 94, 108, 113, 119
गांधी—नेहरू—10, 16
गारोदी—66
ग़ालिब—46
गीता (भगवत् गीता, श्रीमद्‌भगवत् गीता)—33, 35, 94-100
गीता हृदय (गीता का भाष्य) लेखक स्वामी सहजानंद सरस्वती—94, 96-99
गोडसे (नाथूराम गोडसे)—20
गोपीनाथ मुडे—102
गोयथे—23
गोलवलकर—113

च

चाऊसेस्कू—114

ज

जनसत्ता (दैनिक समाचार पत्र)—9-12
जमाल किदवई—10
जरथ्रुष्ट—76
जवाहरलाल नेहरू (नेहरू)—12, 15-22, 29, 69, 102, 108
जॉन द बैपटिस्ट—71, 72
जॉन ब्रेंटलिंगर—64-67, 112
जितेन्द्र रघुवंशी—105
जीसस—72
जे. एन. टंडन—108
जेफरसन—62
प्रो. जेम्स लेन—81, 82, 83, 101, 103

ट

टेरर इन दि माइंड ऑफ गॉड : दि ग्लोबल राइज़ ऑफ रिलीज बायलेंस (लेखक मार्क युरगंसमेयेर—21, 118

ड

डिस्कवरी ऑफ इडिया (भारत की खोज) लेखक जवाहरलाल नेहरू—18, 21, 22, 102
प्रो. डेविड लॉरिंजन—46, 47

त

तस्लीमा नसरीन—81
तोगियाती—66

द

दिलीप चित्रे—82, 83
दिलीप सीमियन—10, 12
द्विखंडिता (लेखक तस्लीमा नसरीन)—81

ध

धर्मदास—37
धीरेन्द्र तिवारी—77, 78, 79

न

नंदकिशोर हटवाल–80
नरेन्द्र मोदी–101
नामवर जी (नामवर सिंह)–32
नीत्शे–70
नील्स बोर–115, 117
नेल्सन मंडेला–119
न्यू टेस्टामेंट–116

प

पटेल (सरदार वल्लभभाई पटेल)–15
परचुरेजी–73
परवेज़ मुशर्रफ़–52
परसाई जी (हरिशंकर परसाई)–48, 59
(प्रो.) पॉल कोर्टराइट–81
पीटर फानडेर फीर–62, 63
पुरुषोत्तम अग्रवाल–12, 58
पैट्रिस मैतियर–71, 72
पोल पोट–114
प्रकाश दीक्षित–12
प्रवीण तोगड़िया–52
प्रेजेज टु ए फॉर्मलेस गॉड (लेखक प्रो. डेविड लॉरेंजन)–46

फ

फाउस्ट–23
फायरबाख़ थीसिस (लेखक कार्ल मार्क्स)–64, 65, 66
फ्रेडरिक एंगेल्स–118, 119
फ्रैंकलिन (जॉन एच. फ्रैंकलिन)–62, 69

ब

बाइबिल–66, 116
बुश (जार्ज डब्ल्यू. बुश)–88
बैरिंगटन मूर–92

भ

भगतसिंह–108
भर्तृहरि–33
भीष्म जी (भीष्म साहनी)–31, 33-36, 44, 58, 59, 121

म

मदन मिश्र–79
मनोज जोशी–78
महात्मा बुद्ध–90
(कामरेड) महादेव नारायण टंडन–105, 106, 108
महाभारत–83
मार्टिन लूथर किंग (जूनियर)–28, 49, 68-72, 76, 86, 87
(डॉ.) माता प्रसाद गुप्त–38
माधुरी (पत्रिका)–78
मारकस टॉमसन–10
मॉरल प्यूरिटी एंड पर्सिक्यूशन इन हिस्ट्री (लेखक बैरिंगटन मूर)–92
मेनका गांधी–86
मैकाले–15
मैक्स प्लांक–115
(प्रो.) मैनेजर पाण्डेय–64
मौलाना मौदूरी–52

र

(डॉ.) रजनीश मोहन जोशी–79
रमण महर्षि–28
राजेन्द्र केशवलाल शाह–58
राजेन्द्र रघुवंशी–105
राजेन्द्र शर्मा–58, 59
रॉबर्ट ओवेन–62
रॉबिन्सन क्रूसो–74
(आचार्य) रामचन्द्र शुक्ल–37

रि-राइटिंग दि लैंग्वेज ऑफ पॉलिटिक्स (लेखक अरुण कुमार)—97
रूसो—48, 90
रोज़ा पार्क—69
रंजना गैरिला—78

ल

लिंडा हैस—68, 71, 72
लुडविग फायरबाख़ एंड दि आउटकम ऑफ जर्मन फिलॉसफी (लेखक फ्रेडरिक एंगेल्स)—118
लूसिफर—23
लेनिन—108

व

विनोद जोशी—78
विलि जॉनसन—43, 44, 46, 47, 50
वेद—33, 99

श/श्र

शरद पवार—103
शिवदान सिंह चौहान—105
शिवाजी—81, 83, 102
शिवाजी : दि हिन्दू किंग इन मुस्लिम इंडिया (लेखक प्रो. जेम्स लेन)—81, 101
शीरीं इबादी—85, 88, 89
शेक्सपियर—23, 33
शेली—62
श्यामसुन्दर दास—38
श्रीकान्त बाहुलकर—81, 83

स

सत्य के प्रयोग (आत्मकथा) लेखक मो. क. गांधी—20
सलमान रुश्दी—81, 102
सहजानंद सरस्वती—66, 93-100, 119
साइंस एंड सोसायटी (पत्रिका)—64
सान्तियागो अलवारेज—66
सावरकर—113
सिद्धराज ढड्ढा—89
सी.एफ. एन्ड्रूज़—87
सीनियर किंग—69
प्रो. सुकथनकर—83
सुदर्शन जी (के.एस. सुदर्शन)—15
सुश्री सुधा जी—109, 110, 113
श्रीमती सुनिता नौटियाल—78
सुमन—12
डॉ. सुरेश नौटियाल—78
सूरदास—33
सेटेनिक वर्सेज़ (लेखक सलमान रुश्दी)—81, 82, 102
सैयद शहाबुद्दीन—82
संधान (पत्रिका)—77

ह

(आचार्य) हजारीप्रसाद द्विवेदी—37
हना एरेंट—85
होलीओक—62

●●●